Sandra und Reinhard Schlitter
mit Christoph Fasel
Mirco

Mirco

Verlieren. Verzweifeln. Verzeihen.

Sandra & Reinhard Schlitter
mit Christoph Fasel

adeo

Inhalt

Vorwort 7

Kapitel 1
Der Tag, der alles anders machte 13

Kapitel 2
Wie wir uns gefunden haben 35

Kapitel 3
Mirco startet ins Leben 51

Kapitel 4
Zwischen Hoffen und Bangen:
Die ersten Tage nach Mircos Verschwinden 71

Kapitel 5
Die Medien und Mircos Verschwinden 87

Kapitel 6
„Grefrath hat seine Unschuld verloren“ 97

Kapitel 7
Der Täter wird gefasst 117

Kapitel 8
Abschied von Mirco 133

Kapitel 9
Die Gerichtsverhandlung 153

Kapitel 10
Wir gehen weiter 163

Epilog 185

Vorwort

Das Verschwinden unseres Sohnes hat 145 Tage lang ganz Deutschland bewegt. Und noch heute beschäftigt sein Schicksal viele Menschen aus dem In- und Ausland. Unser Junge, damals 10 Jahre alt, verschwand am Abend des 3. September 2010 auf dem Heimweg von einer Skaterbahn, bei der er sich mit seinem Freund getroffen hatte. Zu Hause kam er niemals an.

Er wurde von einem fremden Menschen überfallen, entführt, missbraucht und getötet. Seine Leiche versteckte der Täter in einem abgelegenen Waldstück. Wir, seine Eltern, ebenso wie seine Geschwister, seine Verwandten, Freunde und die Tausende, die mit uns bangten, wussten nicht, wo wir Mirco finden konnten. Wir wussten nicht, was mit ihm geschehen war. Wir wussten 145 Tage lang nicht, ob wir noch hoffen durften oder trauern mussten.

Mircos Verschwinden zog die größte Suchaktion nach sich, die die Polizei der Bundesrepublik jemals durchgeführt hat. 9.986 Hinweise bearbeitete die „Sonderkommission Mirco" unter der Leitung von Kriminalhauptkommissar Ingo Thiel aus Mönchengladbach. Hunderte von Beamten durchkämmten Quadratkilometer um Quadratkilometer jedes Bezirks, in dem man eine Spur unseres Jungen vermuten konnte. Tausende von Autofahrern wurden überprüft. Gefahndet wurde bis in die Nachbarländer. Tornadojets der Bundeswehr überflogen mit Spezial-Wärmebildkameras das Gelände um unsere Heimatstadt Grefrath, in der Hoffnung, einen Hinweis auf den Verbleib unseres Jungen zu finden. Hundestaffeln rückten aus, Hubschrauber und Polizeitaucher unterstützten die Fahndung – doch alle Mühen blieben vergeblich.

Bis die Hartnäckigkeit und der Spürsinn der 62 Männer und Frauen der Sonderkommission schließlich Früchte trug. Sie filterten in akribischer kriminalpolizeilicher Kleinarbeit einen Verdächtigen nach dem anderen aus, überprüften Alibis, nahmen Faserproben aus Autos, fragten nach, prüften Aussagen, erstellten psychologische Profile und kreisten schließlich den Tatverdächtigen ein. „Wir kriegen ihn, wer immer das gemacht hat!", hatte uns Soko-Leiter Ingo Thiel geschworen. Er hat Wort gehalten.

Nach 145 Tagen stand er mit seinen Leuten vor der Haustür des Mannes, der unseren Mirco entführt, missbraucht und getötet hat.

Wir haben als Familie eine Katastrophe erlebt. Und überlebt. Erst später haben wir erfahren, dass das nicht alltäglich ist. Denn wir sind nicht, wie viele andere Familien, die ein solches Schicksal erleben mussten, daran verzweifelt und zerbrochen.

Warum konnten unsere Kinder und wir das schaffen? Was hat uns dabei geholfen? Wie sind wir mit Entsetzen, Ohnmacht, Trauer und Wut fertig geworden? Warum hat uns nicht die Depression und Verzweiflung eingeholt? Wie konnten wir es schaffen, dem Täter entgegenzutreten, ohne ihn mit Hass zu überschütten?

Das haben wir uns, ehrlich gesagt, gar nicht gefragt. Aber wir haben diese Fragen immer und immer wieder von den Menschen gehört, die uns durch die schrecklichen 145 Tage und darüber hinaus begleitet haben – sei es nun professionell oder privat. Kann es in diesem tiefsten Tal, das Eltern je durchschreiten können, diesem schlimmsten Albtraum, den man nie erleben möchte, so etwas wie Trost geben? So etwas wie die Gewissheit, wie man in einer solchen Lebenskrise richtig handelt?

Wir wollen als Eltern von Mirco mit diesem Buch gemeinsam versuchen, das Leben unseres Sohnes noch einmal Revue passieren zu lassen. Seine Geburt, seine Freuden, seine Fantasie, seine Pläne, seine Hoffnungen. Wir schreiben dieses Buch nicht, um unserem Kind ein Denkmal zu setzen. Das braucht Mirco nicht und das brauchen auch wir nicht. Mirco ist in den Herzen aller, die ihn gekannt haben, sicher und fröhlich verwahrt. Wir brauchen auch deshalb kein Denkmal, weil wir überzeugt sind, dass der Tod nicht das Ende einer Lebensgeschichte ist. Wir schreiben dieses Buch vielmehr in dem Bewusstsein, dass es eine Geschichte erzählt, die vielleicht anderen Menschen helfen kann, die das Leben ebenfalls auf schwierige Wegstrecken geführt hat – oder führt.

Ralf Markmeier, der Chef des adeo-Verlags, hatte uns angesprochen, nachdem er unsere Fernsehdiskussion zusammen mit dem Präses der Evangelischen Kirche, Nikolaus Schneider, bei „Beckmann" gesehen hatte. Im Gespräch mit ihm wurde uns bald klar: Wenn dieser ganze Irrsinn von Mircos Tod doch noch irgendeinen Sinn haben sollte, dann vielleicht diesen: dass wir davon erzählen, wie das Leben nach einem solchen Schlag weitergehen kann; dass wir unsere Erfahrungen weitergeben, die anderen Menschen vielleicht ein Licht in dunklen Stunden sein können. Dass bei allem Unbegreiflichen, was uns im Leben widerfährt, noch Platz ist für Hoffnung und Vergebung. Und dass wir nicht an der Frage zerbrochen sind, warum Gott so etwas zulässt, sondern von ihm durch diese Zeit getragen worden sind.

Natürlich müssen wir alle sterben, ob wir an Gott glauben oder nicht. Das ist gewiss. Über das Wie bekommt keiner von uns im Voraus eine Antwort. Aber wir glauben, indem wir die Hölle durchschritten haben, heute ein paar Antworten mehr gefunden zu haben, die uns und anderen vielleicht helfen können, mit der Begegnung mit dem Tod besser umzugehen.

Zusammen mit dem Journalisten Christoph Fasel, der uns mittlerweile ein guter Freund geworden ist, haben wir in vielen Gesprächen gemeinsam Material gesucht, gesichtet, gesammelt, ausgewählt und haben uns beim Schreiben – und nicht zu vergessen, beim Schlitterschen Lieblings-Risotto – diesem Buch genähert.

Wir möchten mit diesem Buch auch den vielen Menschen danken, die uns in den härtesten Stunden unseres Lebens nicht im Stich gelassen haben. Die nicht weggeschaut haben. Die in Gedanken mit uns und vor allem mit Mirco waren. Die gehofft, gebangt und gebetet haben. Das waren Freunde und Familienmitglieder, aber auch viele Menschen, die wir nie in unserem Leben gesehen oder gesprochen hatten. Sie sollen wissen, wie viel Trost und Hoffnung uns ihre Solidarität gespendet hat. Wir sind uns sicher, dass auch das uns durch diese dunkle Zeit getragen hat.

Das Leben geht weiter. Mirco hat drei wundervolle Geschwister. Auch sie haben das Recht auf ein Leben, das nicht in Erstarrung untergeht. Wir durften bei all dem Schrecklichen, was geschehen war, schließlich doch noch von Mircos sterblicher Hülle Abschied nehmen. Das hat unseren Kindern, unserer Familie, unseren Freunden und uns die Chance gegeben, ihn ein Stück weit loszulassen.

Jedes Jahr verschwinden in Deutschland rund 50.000 Kinder. Viele von ihnen tauchen niemals wieder auf, bleiben für immer spurlos verschwunden. Für diese Eltern bleibt die Ungewissheit, die uns 145 furchtbare Tage in ihren lähmenden Klauen hielt, ein ganzes Leben lang bestehen.

Vielleicht kann unser Bericht dazu beitragen, unsere Wahrnehmung zu schärfen: für das, was um uns herum geschieht und wo manchmal ein genaueres Hinsehen, ein Anruf, ein Einschreiten vielleicht Furchtbares verhindern kann. Für die Not, die ein solcher Schicksalsschlag hinterlässt. Und für die Möglichkeit, auf solche Menschen zuzugehen und ihnen Hilfe anzubieten – und diese Hilfe kann ganz viele unterschiedliche Gesichter haben.

Wenn nur ein Schimmer mehr Licht auf von solchem Leid betroffene Menschen fallen würde, hätte dieses Buch das erreicht, was wir uns von ihm erhoffen.

Grefrath, im August 2012
Sandra und Reinhard Schlitter

Kapitel 1

Der Tag, der alles anders machte

Sandra: Geschichten, die das Leben ändern, beginnen oft unbemerkt. Sie beginnen leise. Ohne Zeichen, dass am Ende des Tages nichts mehr im Leben so sein wird wie vorher.

Mircos Geschichte beginnt an einem unscheinbaren Freitag. Daraus entwickelt sich unser Leidensweg – jenes Ereignis, das alle Eltern der Welt am meisten fürchten. Wir haben diese Geschichte durchlebt. Und überlebt. Noch heute zeichnet sie unser Leben; unseres als Eltern genauso wie das seiner Geschwister: das Leben unserer drei weiteren Kinder Alexander, Julia und Judith.

Freitag, 3. September 2010. Ich, Sandra, die Mutter von Mirco, will mit dem Erzählen beginnen. An jedes Detail dieses Tages kann ich mich erinnern. Jedes ist eingebrannt in mein Gedächtnis. Für uns alle war es ein normaler Wochentag im Spätsommer 2010. Die Sommerferien waren eine Woche her. Wir haben die Urlaubszeit in Südfrankreich gemeinsam genossen. Die Freude und Wärme dieser Wochen sieht man auch Mirco an: Sein Gesicht ist braun gebrannt, vom Schwimmen, Radfahren und Klettern in den Hügeln ist sein Körper durchtrainiert, er steckt voll Energie und Tatendrang. Wie stets ragen auch an diesem Morgen seine Stirnhaare gegelt und gestylt vorne hoch. Die Frisur spiegelt seinen typisch verschmitzten, fröhlichen Charakter wider, den wir alle so lieben.

Der Arbeitsalltag hat uns wieder: Vier Kinder, ein Hund, ein Haus, ein Garten, ein Mann, der in der Industrie arbeitet, ich selbst in einem Teilzeitjob in einem Ladengeschäft in Grefrath – da ist gute Organisation gefragt.

Mein Mann Reinhard ist schon seit 4:50 Uhr aus dem Haus, auf dem Weg zur Frühschicht bei den Deutschen Edelstahlwerken in Krefeld. Dort arbeitet er als Industriemechaniker. In der Frühschicht repariert er stahlbearbeitende Maschinen, von Sägen über Schälmaschinen bis zu Schleifmaschinen, sorgt zusammen mit seinen Kollegen dafür, dass die riesigen Anlagen reibungslos laufen – ein fordernder Job.

Mein Programm beginnt um 6:15 Uhr. Aufstehen und gegen 6:30 Uhr die Kinder wecken, dann Kakao machen und Brote schmieren, schauen, ob bei den beiden Jüngeren die Schulranzen richtig gepackt sind, kein Heft vergessen ist. Als Erste brechen Alex und Julia auf. Wir verabschieden uns und wünschen uns einen tollen Tag. Dann sind die beiden Kleinen dran, Mirco und Judith. Es ist mittlerweile 7:40 Uhr.

Ein Freitag wie jeder andere

Heute, an diesem Freitag, fährt Judith mit dem Fahrrad zur Schule. Mirco und ich gehen gemeinsam mit unserem Hund, er trägt den schönen Namen „Summer“, die 10 Minuten zu Fuß zur Schule.

„Tschüs, Mama, schönen Tag!“, sagt Mirco lässig, als wir vor der Schule stehen. Ein paar Kameraden von ihm erwarten ihn schon. Wie peinlich, wenn ich jetzt über sein gegeltes Haar streichen würde! Das geht natürlich gar nicht! Was sollte denn die Clique denken! Also erwidere ich den Gruß meines großen, kleinen Jungen ebenso locker mit einem „Tschüs!“ und vollende meine morgendliche Hunde-Runde durch Park und Eisstadionwald. Nach einer Dreiviertelstunde bin ich wieder daheim.

Es ist still im Haus. Nur Leo, unser Wellensittich, zwitschert. Als Erstes mache ich mich an den Hefeteig für einen Pflaumenkuchen. Von einer Bekannten haben wir einen Korb der leckeren Früchte bekommen. Während der Hefeteig geht, schnappe ich mir den Staubsauger und wandere durch das Erdgeschoss – Wohnzimmer, Esszimmer, Schlafzimmer, Küche und Bad. Dann kümmere ich mich um das Mittagessen. Die Kinder sollen schließlich, wenn sie aus der Schule kommen, was Leckeres vorfinden.

Es gibt unser Lieblings-Familiengericht, „Heide-Risotto", benannt nach Reinhards Mutter. Die hatte fünf Kinder zu versorgen und kannte viele leckere, schnell zubereitete Gerichte. Wir haben das Rezept nur zu gern übernommen: Erstens ist es lecker und schmeckt allen vier Kindern und uns Erwachsenen, was ja nicht für alle Speisen gilt. Zweitens geht es schnell. Und drittens ist es gut aufzuwärmen, wenn jedes der Kinder zu einer anderen Zeit aus der Schule kommt und schließlich dann der Papa um drei Uhr nachmittags von der Arbeit. Also schnappe ich mir die Zutaten, Hackfleisch, Gewürzketchup, Curry, und ruck-zuck ist das Risotto vorbereitet und steht auf dem Herd. Als gesunde Beilage jubele ich den Kindern noch einen Gurkensalat unter.

Das mache ich alles gern für meine Familie. Es bereitet mir Freude, das Haus für sie schön zu machen. Unser Familienglück und die Kinder betrachte ich als große Geschenke Gottes.

Meine Schicht beginnt um 11:00 Uhr, und ich will doch noch den Pflaumenkuchen backen, den Reinhard und die Kinder so mögen. Wenn ich mehr Zeit habe, gehe ich sonst morgens einmal auch durch die obere Etage. Hier haben unsere Kinder ihr Reich.

Reinhard und mir gefiel dieses Haus aus dem Jahr 1904, das mittlerweile seit elf Jahren unseres ist, vor allem deshalb so gut, weil es für jedes Kind ein eigenes Zimmer bietet. Das ist mit vier Kindern gar nicht so einfach, wenn es bezahlbar bleiben soll.

Unser hübsches Backsteinhaus samt eigenem Garten hat mit den vier Zimmern unterm Dach sozusagen ein eigenes Kinder-Reich. Das bietet allen – uns Eltern wie unseren Kindern – genügend Rückzugsmöglichkeiten.

Ein eigenes Reich für alle vier Kinder

Gleichzeitig wissen unsere Kinder immer: Mama und Papa sind ja in der Nähe, und wenn etwas ist, sind sie ruck-zuck die 18 Stufen nach unten gelaufen und ins große Familienbett gesprungen. Gut zu wissen.

Jedes Zimmer erzählt etwas vom Charakter unserer Kinder. Alex, unser Großer, hat eine klare Grundordnung. Er macht jeden Morgen sein Bett selbst und räumt seine Sachen sorgfältig zusammen. Falls nötig, sauge ich ein paar Flusen vom Teppichboden. Mehr ist bei Alex nicht zu tun.

Julia ist eine heranwachsende junge Dame, das innere Chaos der Pubertät bestimmt offenbar auch den Zustand ihres Zimmers. Berge von Klamotten häufen sich mitten im Zimmer. Sie kann sich von ihren Sachen nicht so recht trennen – auch nicht zum Waschen. Ganz im Gegensatz dazu steht die Batterie von Nagellackflaschen in Reih und Glied geordnet auf der Kommode. Auf dem Schreibtisch wartet ihr Computer, mit dem sie gern mit ihren Freundinnen chattet.

Neben ihr wohnt Judith. Unsere Kleine – süß, liebevoll und aufgeweckt zugleich. Ein paar Haarspangen, der Schlafanzug auf ihrem Bett, sonst liegt kaum was herum. Wenn ich die Zeit dafür habe, werden die Betten aufgeschüttelt und gefaltet – fertig ist die Ordnung.

Dann ist da noch Mircos Zimmer. Vom Flur aus rechts führt die Tür hinein, es hat ein Fenster nach vorne raus. Links von der

Tür das Bett, kein Hochbett, daneben zur Straße hin sein Schreibtisch, an der Wand seine größten Schätze: seine Sammlung von Spielzeugtraktoren. Von denen muss ich um jeden Preis meine Pfoten lassen! Unser Mirco ist ein großzügiger Junge, aber bei seinen Traktoren wird er eigen. Die darf noch nicht mal sein Vater ohne seine Erlaubnis anfassen – außer zum Reparieren – geschweige denn seine Geschwister. Und nur wenigen, auserwählten Freunden ist die Ehre gestattet, wenn sie bei Mirco zu Besuch sind, mal einen Fendt-Ackerschlepper im Maßstab 1:40 oder einen John Deere im Maßstab 1:25 in die Hand zu nehmen.

„Darf ich heute ins Kino gehen?"

Heute, an diesem Freitag, dem 3. September 2010, schaffe ich es nicht in den ersten Stock zum Durchsaugen und Lüften – der Pflaumenkuchen verlangt meine Aufmerksamkeit. Ich muss mich sputen, damit ich pünktlich um 11:00 Uhr im Laden bin. Die Kinder kommen heute zwischen 12:30 und 14:00 Uhr nach Hause; dann bin ich noch nicht wieder zurück. Aber sie wissen: Ich bin im Geschäft zu erreichen, und gegen 15:00 Uhr kommt Papa von der Arbeit und kümmert sich um alles.

Auf unsere Kinder ist Verlass. Es ist kurz vor 14:00 Uhr, Reinhard ist noch nicht zu Hause; Mirco hat sich aber mit einem Klassenkameraden aus dem Grefrather Stadtteil Oedt verabredet. Die Jungs wollen zusammen mit zwei Mädchen aus ihrer Klasse in dem acht Kilometer entfernten Kempen ins Kino gehen, um sich „Step up 3D" anzuschauen. Den Weg zu seinem Freund Mike nach Oedt, wo die zwei Klassenkameradinnen dazustoßen wollen, will Mirco mit dem Fahrrad fahren, die restliche Strecke nach Kempen legen die vier dann gemeinsam mit dem Bus zurück.

Mirco hält sich an unsere Familienregeln, kommt bei mir im Geschäft vorbei und sagt Bescheid, dass er mit seinem Freund ins Kino gehen möchte. Natürlich gebe ich ihm mein Okay und wünsche ihm viel Spaß, und schon ist er wieder unterwegs. Ich rufe ihm noch hinterher, er solle nicht so spät nach Hause kommen. Aber da ist er auch schon durch die Tür, und ich kann nur noch hinterherschauen, wie er braungebrannt vom Sommerurlaub davonradelt.

Ich weiß noch genau, welcher Gedanke mir bei diesem Bild durch den Kopf ging: *Typisch mein Junge, endlich hat er Wochenende und nutzt die Zeit, um sie mit seinen Freunden zu verbringen, die er in der langen Ferienzeit nicht gesehen hat.*

Nach der Arbeit freue ich mich auf unser Zuhause. Wie immer schaue ich als Erstes, ob alle da sind. Ja, sind sie – bis auf Mirco. Klar, er hat sich ja bei mir abgemeldet und ist noch mit seinem Freund unterwegs. Sorgen brauche ich mir also nicht zu machen. Mein großer Sohn Alex und ich gehen noch eine Runde mit dem Hund raus. Unterwegs gönnen wir uns ein Eis beim Italiener. Es ist ein schöner, warmer Spätsommerabend, es fängt gerade an zu dämmern, und Alex und ich genießen es, mit unserem Eis in der Hand durch die beschaulichen Straßen unserer Stadt zu bummeln.

Gegen 20:30 Uhr kommen wir nach Hause. Mirco ist immer noch nicht da. Wir warten bis etwa 21:00 Uhr. Dann rufe ich bei der Mutter von Mircos Freund an, mit dem er unterwegs ist: „Ist Mirco noch bei euch?“

Nein, erfahre ich. Sie hat unseren Jungen aber vorhin bei der Skaterbahn getroffen und ihn aufgefordert, nun endlich nach Hause zu fahren, da es schon ziemlich dunkel werde. Mikes Schwester wird später bei der Polizei aussagen, dass er sich daraufhin brav aufs Fahrrad gesetzt habe und in Richtung Heimat losgeradelt sei. Für mich ist klar, dass er gleich zu Hause aufkreuzen wird, denn auf seinem Fahrrad legt er die Strecke von der Skaterbahn in ein paar Minuten zurück.

Ich bin müde von der Arbeit – es geht auf 21:30 Uhr zu. Da ich am Samstag gleich wieder früh zur Arbeit muss, denke ich: *Eine gute Gelegenheit, heute mal früher ins Bett zu gehen!* Ich gehe zu Reinhard, der im Arbeitszimmer vor dem Computer sitzt. Ich weiß, er knobelt seit einigen Abenden gerade an einer Computer-Simulation herum, die ihm reichlich zu schaffen macht.

„Reinhard, ich gehe jetzt ins Bett, Mirco ist unterwegs und muss jeden Augenblick heimkommen", sage ich. „Gute Nacht!"

Ich höre ein „Gute Nacht, mein Schatz" von meinem Mann. Allerdings klingt es ein ganz klein wenig abwesend. *Aha*, denke ich. *Die Simulation hat ihn wieder!*

Alles ist in Ordnung. Beruhigt mache ich mich bettfertig, mache das Licht aus, drehe mich um und schlafe sofort ein.

„Mirco ist nicht nach Hause gekommen!"

Ich schlafe durch bis zum Samstagmorgen. Um 8:00 Uhr stehe ich auf. Die Arbeit ruft, ich muss mich fertig machen. Vorher noch meine Medikamente nehmen – ich leide seit meiner Schwangerschaft mit Mirco an einer chronischen Darmentzündung – dann Cappuccino trinken und einen Toast essen, einen kleinen lieben Gruß auf einen Zettel schreiben, denn ich will meine Lieben am Samstagmorgen nicht so früh wecken.

Doch zuvor will ich mich vergewissern, dass Mirco gut nach Hause gekommen ist. Ich habe gar nicht mitbekommen, wie Reinhard spät ins Bett kam. Also steige ich die 18 Stufen nach oben. Leise gehe ich den Gang entlang, denn ich will keins der Kinder unnötig wecken. Die Türen zu allen Zimmern stehen wie immer offen, sind nur angelehnt. An Mircos Zimmer angekommen schiebe ich leise die Tür auf und erwarte, seinen lustigen Haarschopf unter einer zerwühlten Bettdecke zu sehen.

Dann der Schreck: Kein Mirco da. Das Bett unberührt.

Was ist da los?

Ich wecke Alex, dann Julia und Judith, frage nach: „Habt ihr was von Mirco gehört oder gesehen?“

Alle schütteln den Kopf. Nein, nichts. „Wieso fragst du, Mama? Ist er denn nicht in seinem Bett?“

„Nein, er ist nicht da.“

Jetzt erst einmal ruhig Blut bewahren. *Wahrscheinlich gibt es eine ganz einfache Erklärung*, sage ich mir. *Es muss eine ganz einfache Erklärung geben!* Alles andere will ich mir nicht ausmalen. Jetzt nicht.

„Vielleicht ist er ja über Nacht bei einem seiner Freunde geblieben?“, meint Alex.

Das könnte sein, wäre aber ungewöhnlich, denn er hätte uns in so einem Fall Bescheid gesagt. Und wenn nicht er, dann auf jeden Fall die Eltern des Freundes. Ich eile die Treppe runter. Erst einmal im Schuppen nachschauen. Steht da sein Fahrrad? Nein. Es ist nicht da. Ebenso wenig wie unser Junge.

Weitersuchen. Ich greife zum Telefon und rufe die Eltern seines Freundes an, mit dem er gestern zusammen unterwegs war. Auch dort ist Mirco nicht. Also wecke ich meinen Mann und erkläre, was los ist. Reinhard ist sofort hellwach. Ich frage ihn: „Hast du Mirco gestern Abend noch gesehen?“

Reinhard schüttelt den Kopf: „Nein. Ich dachte, er ist heimlich, still und leise nach Hause gekommen und ich habe ihn bloß nicht gehört!“

Das wäre nicht ungewöhnlich. Denn Mirco ist jemand, der sich lieber leise ins Haus schleicht statt mit großem Hallo – vor allem dann, wenn er ein bisschen spät dran ist und keinen Anranzer riskieren will. Auch sonst versteht er es meisterhaft, sich still und leise zu verhalten. Beim Versteckspielen finden ihn die anderen regelmäßig als Letzten – wenn überhaupt.

Aber dies ist kein Spiel. Das spüre ich. Auch wenn ich es nicht wahrhaben will.

Dennoch starten wir alle zuerst noch eine Hausdurchsuchungsaktion. Vielleicht ist er spät nach Hause gekommen und hat sich einfach im Schuppen schlafen gelegt – ungewöhnlich zwar, aber nicht auszuschließen. Denn schon als kleines Kind hat sich unser Mirco in den ungewöhnlichsten Positionen zum Schlafen nieder gelegt – sei es auf der Küchen-Eckbank, eingeklappt wie ein Taschenmesser, oder einmal sogar in der Duschwanne im Bad. Wir durchsuchen den Schuppen, den Garten, dann auch noch den Keller und den Dachboden.

Kein Mirco.

Das Fahrrad am Straßenrand

Komisch erscheint uns zudem, dass wir keine Spur von seinem Fahrrad finden. Sein Fahrrad, sein Augenstern! Wenn überhaupt, dürfen nur ganz enge Freunde von Mirco es auch mal fahren, lange nicht jeder. Ein „Dirtbike", das er gerade vor ein paar Monaten mit eigenem Geld und ein bisschen finanzieller Unterstützung von uns gekauft hat. *Sein Fahrrad würde er niemals freiwillig irgendwo zurücklassen!*, schießt es mir durch den Kopf. Wenn es nicht hier ist, wird Mirco auch nicht hier sein.

Die Zeit läuft uns davon. Ach ja, ich muss auf meiner Arbeitsstelle Bescheid geben. Eine Arbeitskollegin ist am Telefon. Ich erkläre ihr in kurzen Worten, was geschehen ist, und schließe: „Erst muss ich Mirco finden, bevor ich zur Arbeit kommen kann!"

Damit ist die Nachricht von Mircos Verschwinden zum ersten Mal ausgesprochen. Und führt zu einer ersten Reaktion: Minuten, nachdem ich in meinem eigenen Geschäft angerufen habe, meldet sich eine Kollegin aus der Rossmann-Filiale in unserer Grefrather Einkaufsstraße, die von meinem Anruf erfahren hat: „Ich habe heute Morgen auf dem Weg zur Arbeit ein Fahrrad im Gras liegen sehen, kurz nach dem Kreisel an der Mühlhauserstraße!“, berichtet sie mir.

Reinhard und Alex springen auf ihre Räder und rasen dorthin, außerdem fahren sie den Weg nach Oedt ab, den Mirco genommen haben müsste. Ich fahre zusätzlich mit dem Auto los und folge dem Hinweis der Kollegin, um zu schauen, ob ich das Fahrrad noch entdecke. Vom Auto aus hat man ja eine andere Perspektive als vom Fahrrad.

Doch unsere Suche bleibt ohne Erfolg: Kein Fahrrad, kein Mirco. Mit leeren Händen kehren Reinhard und Alex nach Hause zurück, wo ich schon wieder angekommen bin. *Nur keine Panik aufsteigen lassen!*, bete ich. *Bitte, Gott, lass unserem Jungen nichts Schlimmes zugestoßen sein!*

Nächster Schritt: Alle Krankenhäuser anrufen. Ist bei Ihnen heute Nacht ein Junge eingeliefert worden, auf den Mircos Beschreibung passt? Vielleicht als Opfer eines Verkehrsunfalls? Vielleicht bewusstlos, sodass er nicht sagen kann, wie er heißt und wo er wohnt? Denn Ausweispapiere hat Mirco ja nicht bei sich.

Auch hier Fehlanzeige. Kein einziger Fall ist den Krankenhäusern bekannt oder gemeldet worden. Eine Hoffnung weniger. Wir fragen schließlich in unserer Verzweiflung alle Verwandten und vor allem die von Mirco besonders geliebte Tante, ob sie vielleicht was von unserem Jungen gehört haben. Aber auch da hat er sich nicht gemeldet.

Also müssen wir zur Polizei.

In Grefrath hat die Polizei Wochenendruhe

Unzählige Gedanken und Fragen schießen uns durch den Kopf. Innerlich legen Reinhard und ich eine Direktleitung zum Himmel, den wir um Hilfe und Bewahrung für Mirco bestürmen.

Das Angstgefühl in meinem Bauch wächst. Reinhard ist gefasst und gleichzeitig wie paralysiert. Er weiß genauso wie ich: Jetzt müssen wir beide einfach funktionieren.

Der Kloß in unserem Hals wird dicker. Wir teilen meinen Eltern besorgt mit, dass wir jetzt zur Polizei fahren, um Mirco als vermisst zu melden.

Grefrath ist ein friedliches Städtchen. So friedlich, dass es hier am Wochenende noch nicht einmal einen Polizeibeamten gibt, der Dienst tut. Die nächste Dienststelle, das wissen wir, liegt in Kempen. Dort stehen wir in der Polizeiwache vor einem Schalter, schildern unseren Fall, geben unsere bisherigen Maßnahmen sprudelnd wieder. Die Fragen, die der Polizeibeamte uns stellt, sind vorhersehbar: „Hatte Ihr Sohn Ärger zu Hause oder in der Schule? Ist er vielleicht von zu Hause weggelaufen?"

Wir können alle diese Fragen besten Gewissens verneinen. Reinhard und ich sind sicher: Mirco würde niemals von zu Hause weglaufen. Das wäre einfach nicht seine Art – selbst wenn es ein Problem gegeben hätte.

Der Fall ist heikel, der freundliche Polizeibeamte hinter dem Tresen spürt das. Er leitet uns weiter an die Polizeidienststelle in Viersen, nochmals rund 20 Kilometer entfernt. Wir wollen direkt nach Viersen weiterfahren, aber jetzt rebelliert mein Körper. Mir schlägt das Verschwinden unseres Kindes auf den Darm; die Entzündung meldet sich. Ich muss also erst noch kurz nach Hause. Zudem will ich den Kindern Bescheid geben, wie es jetzt weitergeht.

Alex und die kleine Judith finden wir zu Hause vor. Julia ist, wie immer am Samstagmorgen, zusammen mit einer Freundin auf dem Fahrrad zum Reiten gefahren. Als wir nach Viersen aufbrechen wollen, klingelt es an der Tür. Davor stehen zwei Polizeifahrzeuge. Wenn wir nichts dagegen hätten, so die Beamten freundlich, würden sie gern reinkommen.

Die Beamten stellen sich vor. Sie sind hier, um nähere Infos und ein aktuelles Foto von Mirco zu bekommen. Es soll ihn am besten zeigen, wie er zuletzt aussah. Das Outfit möglichst ähnlich wie das beim Verschwinden. Wir überlegen: Welches Bild wird ihm am ehesten gerecht? Das Urlaubsfoto, das sein Bruder Alex von ihm geschossen hat, schlaksig, lächelnd, am Strand in Frankreich? Alex hat das Bild auf seinem Computer und druckt es für die Beamten aus, damit sie einen Anhaltspunkt haben. Dieses Bild von Mirco wird bald in ganz Deutschland traurige Berühmtheit erreichen.

Die Beamten wollen nicht nur das Foto; sie wollen sich auch etwas im Haus umschauen, um sich eine Meinung zu bilden. Das ist für uns schon ein bisschen komisch. Doch es macht Sinn: Die Polizei sucht erst noch einmal im Elternhaus nach einem verschwundenen Kind, bevor man eine große Suchaktion startet. Oft genug ist es schon vorgekommen, dass sich ein Kind doch nur versteckt oder versehentlich selbst in Keller oder Garage eingesperrt hatte.

Was wir zu diesem Zeitpunkt nicht wissen: Die Eltern zählen zum Kreis der möglichen Verdächtigen, wenn ein Kind verschwindet. Denn 90 Prozent aller Kapitalverbrechen, so erfahren wir später, sind Beziehungstaten. Täter und Opfer sind fast immer eng befreundet oder verwandt.

Judith bleibt bei Alex, während Reinhard und ich nach Viersen zum Präsidium fahren wollen. Das entspricht unserer Familientradition: Jeder passt bei uns auf jeden auf. Das macht die Sache für uns wenigstens ein bisschen einfacher.

Mittendrin in dem Polizeibesuch ruft mein Schwiegervater an. Er denkt, Julia macht Witze, als sie ihm sagt, dass Mirco verschwunden ist. Leider müssen Reinhard und ich ihm mitteilen, dass es der Wahrheit entspricht. Dann fahren wir los zum Präsidium nach Viersen.

Dort werden wir schon mit einer Frage erwartet: „Warum kommen Sie denn erst jetzt?“ Ich erkläre das Problem mit meiner Entzündung, dann beginnt ein Fragemarathon. Die Beamten sammeln jede Menge Informationen; sie löchern uns mit Fragen: Hatte Mirco Streit mit uns? Mit anderen Mitgliedern der Familie? Mit Freunden? Probleme in der Schule? Doch wir können nichts Weltbewegendes vermelden. Mirco ist ein normaler, freundlicher Junge, der das Glück hat, keine großen Probleme mit sich herumzuschleppen. Jedenfalls soweit wir das als Eltern beurteilen können.

Dann die Fragen nach seinem Aktionsradius: Wo fährt Mirco am liebsten herum? Wo sind seine Spielplätze? Wo macht er Sport? Wo sind seine Geheimverstecke, wenn es denn welche gibt? Wo wohnen seine Freunde? Welche Strecken nimmt er gewöhnlich, wenn er mit dem Fahrrad unterwegs ist?

Wir erzählen den Beamten von seinem Handy. Zwischendurch probieren wir weiter, was wir schon den ganzen Morgen getan haben, nämlich Mirco anzurufen. Auch jetzt rufen wir zusammen mit den Beamten immer wieder auf seinem Handy an. Doch niemand nimmt ab.

Den ganzen Nachmittag verbringen wir in den Büros des Präsidiums. Reinhard und mich hält es nicht auf einem Stuhl, keinen Augenblick lang. Wir laufen im Raum auf und ab, zermartern uns die Köpfe, was geschehen sein könnte. Wir grübeln die ganze Zeit: *Wo kann er nur sein?*

Schließlich fragt mich einer der Beamten nach meinem Gefühl als Mutter, nach meinem Instinkt. Ich brauche nicht lange nachzudenken. Irgendwie weiß ich spontan: „*Man hat uns Mirco weggenommen!*"

Zwischen Vernunft und Verzweiflung

Reinhard: Auch wenn die Polizisten uns noch so oft fragen, ob es denn nicht möglich sei, dass unser Junge vielleicht doch einfach aus irgendeinem Grund weggelaufen sei und sich irgendwo versteckt ... auch ich kann ihnen nur antworten, dass Mirco niemals ohne Nachricht an uns einfach über Nacht ausbleiben würde. Hinzu kommt: Wenn er irgendwo bei Freunden geblieben wäre, hätten uns auf jeden Fall die Eltern benachrichtigt. So halten wir es alle in unserem Freundeskreis.

Der Beamte, der mit mir spricht, ist sich da allerdings nicht so sicher: „Sie glauben gar nicht, was wir hier schon alles erlebt haben!"

Ich antworte ihm: „Ich bin mir absolut sicher, dass es in diesem Fall nicht so ist!" Nun sitze ich hier auf dem Polizeipräsidium und spüre, wie eine furchtbare Hilflosigkeit in mir aufsteigt; Sandra ergeht es genauso.

Wir können nicht viel tun. Da gibt es schon jetzt, mit jeder Stunde wachsend, eine Vermutung, die jeder hier im Präsidium insgeheim hat. Aber diesen Verdacht will ich nicht hören. Ich will nicht hören, dass etwas Schlimmes passiert sein könnte. Ich will das nicht wahrhaben. Ich kann und will es nicht glauben. Aber ich komme auch nicht mehr davon weg. Ich sitze da, stelle mich auf die Seite der Unvernunft und versuche verzweifelt, an der Hoffnung festzuhalten. Obwohl mir mit jedem Ticken der Uhr klarer wird, dass irgendetwas geschehen sein muss, mir mit jeder Stunde die Logik lauter das Gegenteil von dem sagt, was ich glauben will.

Die Beamten verhören uns nun getrennt, um zu prüfen, ob die Geschichte, die wir erzählen, übereinstimmt. Die Fakten, die wir beide wussten und unabhängig voneinander zu Protokoll gaben, waren und sind deckungsgleich. Darüber mussten wir uns nicht absprechen. Wir reden an diesem Samstag ohnehin wenig miteinander, weil jeder von uns versucht, mit seiner Angst zurechtzukommen und weil es auch nicht viel zu sagen gibt, was uns nicht ohnehin schon beiden klar wäre. Vielleicht ist das auch ein Zeichen für unsere tiefe Vertrautheit. Wir sind uns in jedem Augenblick ganz nah, auch ohne viele Worte.

Der Nachmittag wird noch hektischer. Wir werden kurz nach Hause gefahren, dann wieder einzeln ins Präsidium zurück zum Verhör. Die Fragen sind zu diesem Zeitpunkt vor allem noch konzentriert auf unseren Alltag. Die Beamten wollen sich ein Bild von unserem Tagesablauf machen, um dann die Suche zielgerichtet zu starten. Wir erstellen zusammen mit der Polizei detaillierte Protokolle, die zeigen, wer von uns wann wo gewesen ist. Wann wer aufgestanden ist, wann wer nach Hause gekommen ist, was wir gemeinsam oder einzeln gemacht haben.

Es ist schon sehr seltsam. Wir müssen wirklich alles offenbaren. Wann haben wir Zähne geputzt, wann gefrühstückt? Minutiös wird alles aufgezeichnet. Ich persönlich finde es schwierig, das so genau zu rekonstruieren. Es geht sogar darum, zurückzuverfolgen, was jeder von uns gegessen hat – wegen möglicher kriminaltechnischer Untersuchungen.

Ein Helikopter steigt auf, um die Umgebung abzufliegen, durch die Mirco nach den Informationen, die wir haben, gefahren sein könnte. Mittlerweile ist Sandra und mir nur noch zum Heulen zumute.

Schulkameraden helfen mit

Sandra: Ich treffe am Samstagnachmittag eine von Mircos Schulkameradinnen mit ihrer Mutter im Präsidium. Sie wollen aussagen, wo sie unseren Jungen zuletzt gesehen haben und was sie zusammen gemacht haben. Sie teilen mir mit, dass sie von sich aus das Niersgebiet abgesucht haben, in der Hoffnung, Mirco irgendwo zu finden. Unser Junge, so bestätigen sie, war am Vorabend ganz normal. Er wirkte nicht irgendwie komisch, sondern war gut gelaunt und hatte offensichtlich Spaß mit seinen Freunden.

Die Kinder halten derweil tapfer zu Hause die Stellung. Nach Rücksprache mit uns händigen sie den Beamten getragene Kleidungsstücke von Mirco aus, damit die Spürhunde seinen Geruch aufnehmen können.

Ab Mittag gesellt sich der Opa zu den Kindern, damit sie nicht allein sind. Eine Kollegin springt bei der Arbeit für mich ein. Alle, die in diesen ersten Stunden Bescheid wissen, hoffen und bangen nun, dass wir Mirco bald finden. Hoffen, dass er durch die Tür hereinkommt, als wäre nichts geschehen.

Doch die Tür öffnet sich nicht. Mirco bleibt verschwunden.

Noch an diesem Nachmittag geben wir das Einverständnis dazu, die Medien einzuschalten. In den Nachrichten des Westdeutschen Rundfunks läuft am Abend die erste Suchmeldung nach Mirco. Erst später werden wir feststellen, wie wichtig diese Information der Öffentlichkeit durch die Presse für uns werden wird. Denn am Tag darauf kommt der erste Hinweis auf einen Passat bestimmten Baujahres zur Polizei. Dieser Hinweis, entstanden durch die Veröffentlichung von Mircos Bild im Fernsehen, wird zur Königsspur werden.

Keine Vorwürfe!

Doch jetzt wissen wir das noch nicht. Am Sonntag bekommen wir Besuch vom Opferschutz der Polizei, die uns fürsorglich betreuen. Unsere Gefühle fahren Achterbahn. Wir ziehen uns angesichts des Unfassbaren und des Unbeschreiblichen in unsere Familie, unser Haus zurück. Wir streichen sämtliche Aktivitäten, setzen keinen Fuß mehr vor die Tür. Das Einkaufen nehmen uns Eltern und Verwandte ab. Denn schließlich könnte ja jede Sekunde eine Nachricht kommen, die uns Mirco wiederbringt, die uns erlöst.

Wir beten ununterbrochen. Reinhard und ich sprechen am Abend dieses ersten Tages ohne unseren Sohn jeder für sich mit Gott. Und dann tun wir etwas, das uns sehr wichtig ist und das uns auch später helfen wird, als Paar stark zu bleiben und das, was noch vor uns liegt, gemeinsam zu ertragen: Wir nehmen uns am Samstagabend gegenseitig in den Arm und versprechen uns, dass wir uns keine Vorwürfe machen. Und nie machen werden. Wir versichern uns, dass wir uns gegenseitig alles verzeihen, was auch immer zu dem Missverständnis über Mircos Rückkehr am Abend zuvor geführt haben könnte. Das ist eine ungeheure Entlastung für unsere Seelen. Denn nun wissen wir: Wir sind beide uneingeschränkt bereit, uns gegenseitig bei der wichtigsten Aufgabe zu unterstützen, die vor uns liegt: unseren Jungen wiederzufinden!

Wir suchen verzweifelt nach etwas, irgendetwas, an das wir uns klammern können. Die Möglichkeit einer Nachricht aus einem Krankenhaus mussten wir schon am Morgen ausschließen – es wurde kein Kind im Alter von Mirco eingeliefert. Ich will diesen anderen, schrecklichen Gedanken nicht zulassen. Ich will mich an der Hoffnung festhalten, dass Mirco lebend wiederkommt.

Reinhard: Ich rufe noch am Samstagabend den Pastor unserer Gemeinde in Krefeld an. Der Pastor tut das Einzige und Wichtigste, was Sandra und mir in unserer Not helfen kann: Er sagt uns zu, dass die ganze Gemeinde am Sonntag für uns und Mirco vor Gott treten und ihn um seinen Beistand bitten wird.

Sandra geht angezogen ins Bett, um sofort präsent zu sein, sobald das Telefon klingelt und vielleicht neue Nachrichten bringt. Schon zu diesem Zeitpunkt ist ihr sehr klar: Auch wenn Mirco etwas zugestoßen sein sollte, er vielleicht nicht mehr leben sollte, will sie wissen, wo er ist. Mir geht es genauso.

Wir versuchen, in diesen Tagen irgendwie einen normalen Alltag zu leben. Aber was ist noch normal? Wir gehen nicht raus, weil wir einerseits minütlich auf Nachrichten hoffen. Andererseits wollen wir der wachsenden Anzahl von Journalisten, die sich in Grefrath einfinden, nicht in die Arme laufen. Es ist eine seltsame, eine absurde Situation.

Wo soll ich hin mit mir? Ich merke, dass ich mich nur an kleinen Fetzen von Realität und gewohntem Alltag festhalten kann, um jetzt nicht in namenloser Verzweiflung zu versinken.

Die Soko Mirco

Am Sonntag fahren wir nicht wie sonst alle gemeinsam zum Gottesdienst. Wir müssen doch zu Hause sein, um unseren Mirco in die Arme zu schließen, sobald er wieder auftaucht!

Das Mittagessen kocht an diesem Tag Oma Renate, damit wir uns darum nicht kümmern müssen. Am Morgen kommen Beamte aus Mönchengladbach. Sie haben eine Sonderkommission „Soko Mirco“ gebildet, um dem Verschwinden unseres Jungen genauer auf den Grund gehen zu können. Das Haus wird noch einmal penibel durchsucht. Eine unwirkliche Situation:

Während die Polizisten das Haus durchkämmen, duftet es nach Schokokuchen. Denn Mircos kleine Schwester Judith hat sich vorgenommen, einen Kuchen zu backen: „Es könnte ja sein, dass Mirco heute nach Hause kommt!" Sie wird diesen neuen Brauch die nächsten Tage aufrechterhalten.

Auch der Garten und der Schuppen werden unter die Lupe genommen. Jede Ecke und jeden Winkel, auch die Bäume und was es sonst noch an Verstecken gibt, inspizieren die Beamten. Auch diese zweite Untersuchung ergibt keine Spur von unserem Jungen.

Die Beamten teilen uns mit, dass wir wahrscheinlich noch zu einer Befragung nach Dülken müssten. Auch die Kinder sollen verhört werden. Dazu kommt es dann an diesem Tag doch nicht mehr. Dafür meldet sich eine Frau M. vom Opferschutz der Polizei bei uns und will noch am selben Tag vorbeikommen.

Sandra: Ich gehe am Sonntagmorgen mit unserem Hund „Summer" in die Richtung der Stelle, wo man ein Fahrrad gesehen haben will. Ich will wissen: Gibt es da irgendeine Spur? Unser Hund läuft schnüffelnd in einen Feldweg hinein, wittert anscheinend etwas. Ich kann das nicht deuten; zu diesem Zeitpunkt weiß ich noch nicht, dass dies die Stelle war, wo Mircos Fahrrad ursprünglich lag.

Es ist unheimlich schwierig für mich, dort herumzulaufen. Aber es gibt mir auch irgendwie das Gefühl, nicht ganz und gar ohnmächtig zu sein. Ich kann nach Mirco Ausschau halten, nach ihm rufen und gleichzeitig mit all meiner Kraft darum beten, dass Gott ihn beschützen möge und dass wir ihn bald finden.

Um 18:00 Uhr steht Frau M. vom Opferschutz vor der Tür. Sie kommt aus Gladbach und ist zufällig gleichzeitig mit dem evangelischen Pastor unseres Ortes angekommen. Er will seinen seelischen Beistand anbieten, was wir dankbar annehmen; wir kennen ihn vom Religionsunterricht unserer Kinder.

Die Mitarbeiter des Opferschutzes sind in erster Linie keine Psychologen, sondern Polizeibeamte – ein Bindeglied zwischen den Ermittlern, den Beteiligten und den Zeugen. Sie geben ein Stück Sicherheit, und sie sind vor allem an Hintergrundinformationen interessiert, an allem, was dazu beitragen kann, eventuelle Widersprüche aufzudecken. In der Regel kommen die Mitarbeiter des Opferschutzes dann ins Spiel, wenn Menschen als Beteiligte oder Zeugen angesichts einer Gewalttat körperlich oder seelisch zusammenbrechen. Sie kümmern sich um Menschen, die am Ende sind.

Das ist bei uns nicht der Fall. Reinhard und ich hören noch bei der Begrüßung am Sonntagabend von Frau M. die irritierte Frage: „Wie können Sie noch so gelassen und freundlich zur Haustür kommen, wo doch Ihr Kind verschwunden ist?"

Das ist für diese Experten, die seit Jahren in den Grenzbereichen menschlicher Leidensfähigkeit unterwegs sind, offensichtlich ein krasser Gegensatz zu dem, was sie sonst erleben.

Reinhard: Sandra und mir ist klar, dass es uns und unseren anderen Kindern nicht weiterhilft, angesichts von Mircos Verschwinden in Verzweiflung, Chaos und Depression zu versinken. Was würde das bringen? Wir würden die Kinder mit ihren Fragen und Nöten im Stich lassen und sie noch mehr verängstigen. Wir würden uns gegenseitig nicht unterstützen können. Und wir würden womöglich etwas von den wenigen Handlungsmöglichkeiten verpassen, die uns noch bleiben.

Wir müssen uns also zusammenreißen und die Menschen, die Mirco suchen, bestmöglich unterstützen. Dabei hilft es uns sehr, dass wir an einen Gott glauben, der sich für uns und unser Leben interessiert. Der auch jetzt in diesem Augenblick weiß, wo Mirco ist, der ihn nicht allein lässt und an den wir uns mit unseren schrecklichen Befürchtungen und unserer Not wenden können.

Dass wir ihm unser Herz ausschütten können und wissen, wir sind nicht allein mit unserer Angst um Mirco, das hilft uns, nicht zusammenzubrechen. Auch dass wir wissen, dass unsere Freunde und Familienmitglieder jetzt in diesem Moment ebenso für uns und Mirco beten, gibt uns Kraft. Und die Hoffnung, dass wir unseren Jungen wiederbekommen!

Sandra: Ich merke, dass unser Verhalten die Opferschutz-Mitarbeiter wirklich irritiert. Nachdem ich sie mit einem Lächeln begrüßt habe, meine ich, Fragen in den Gesichtern wahrnehmen zu können wie: „Haben die Schlitters vielleicht eine Schramme? Sind die irgendwie schräg drauf? Gehören die etwa zu den religiös Verzückten, die bei Sturm und Regen mit dem *Wachturm* an der Straßenkreuzung stehen und auf Missionserfolge bei den Ungläubigen hoffen?"

Auf jeden Fall denkt genau das der leitende Kriminalhauptkommissar Ingo Thiel, der die Soko Mirco leitet, nach dem, was er schon alles über uns gehört hat. Doch er revidiert seine Befürchtungen nach unserer ersten Begegnung schnell wieder. „Von diesem ersten Gedanken habe ich mich ganz schnell wieder verabschiedet. Als ich zum ersten Mal Familie Schlitter begegnete, wurde mir klar: Die haben nicht nur mit der ganzen Geschichte kriminalistisch gesehen nichts zu tun, sie sind auch wirklich tolle Menschen – keine Spur von Spinner!"

Wir sind eine ganz normale Familie, die eben auch gläubig ist. Aber, wie Ingo Thiel es so treffend ausgedrückt hat, wir sind ganz sicher keine religiösen Spinner. Jetzt haben wir ganz einfach furchtbare Angst um unseren Mirco. Offensichtlich ist es aber für die Opferschützer ungewöhnlich, dass wir ihnen nicht in völliger Verzweiflung die Tür öffnen, sondern bei aller Besorgnis noch einigermaßen gefasst sind. Sie wissen nicht so recht, wie sie das einschätzen, wie sie damit auf den ersten Blick umgehen sollen.

„Was sollen wir tun?“

Als wir an diesem Sonntagnachmittag von einem kurzen Besuch bei meiner Mutter, die nur ein paar Meter von uns entfernt wohnt, wieder zu Hause ankommen, erhalte ich einen Anruf von der Rektorin der Grundschule in Grefrath. Sie fragt sich, wie sie Mircos Verschwinden gegenüber den Schulkindern und den Eltern kommunizieren soll, was sie sagen soll.

Ich verspreche ihr, das Thema mit den Leuten vom Opferschutz anzusprechen. Das tun wir dann auch mit Frau M. und dem evangelischen Pfarrer. Wir überlegen, was es für die Schule für Möglichkeiten gibt, auf die Verunsicherung von Kindern und Eltern zu reagieren. Der Opferschutz nimmt dann Kontakt zu allen Schulen auf, die unsere Kinder besuchen.

Mit unseren Nachbarn sprechen wir an diesem Abend persönlich; sie haben im WDR-Fernsehen den Suchaufruf gesehen. Etwas ratlos stehen sie vor uns, versuchen, ihre Betroffenheit auszudrücken, umarmen uns. Ihr Mitgefühl tut gut.

Am gleichen Abend erfahren wir, dass das Fahrrad von Mirco gefunden worden ist. Mehr noch: Es gibt Zeugen, die ein Auto gesehen haben, das mit Mircos Verschwinden in Zusammenhang stehen könnte.

Der Helikopter fliegt immer noch über unsere Köpfe und Häuser, jetzt sogar mit Wärmekameras.

Noch keine Spur von unserem Sohn.

Das Warten geht weiter.

Kapitel 2

Wie wir uns gefunden haben

Reinhard: Geboren bin ich in Norddeutschland, in Rotenburg an der Wümme, aber aufgewachsen bin ich in Krefeld. Diese Stadt empfinde ich als meine Heimat. Schon in meiner Kindheit war ich viel in der Kirchengemeinde. Kein Wunder, denn mein Vater war Pastor, und unsere Wohnung lag oben im Gemeindehaus. Meine Mutter engagierte sich in der Gemeinde, wie Pastorenfrauen das meist tun. Und mittendrin waren wir fünf Kinder, inklusive meinem Zwillingsbruder und mir.

So lernten wir früh, was es bedeutet, in einer Gemeinschaft zu leben: Freud und auch Leid mit anderen zu teilen; zu wissen, dass man gebraucht wird – aber auch sagen zu können, wenn man selbst Hilfe braucht. Das hat mich geprägt. So wusste ich schon als Kind: So eine Gemeinschaft will ich um mich haben, wenn ich mal erwachsen bin!

Ich habe einen Zwillingsbruder und drei weitere Geschwister. Meine Mutter und mein Vater gaben uns Kindern ganz selbstverständlich ein Gefühl von Geborgenheit. Natürlich spielte der Beruf meines Vaters als Pastor eine Rolle. Wir saugten nicht nur unzählige Lieder, Predigten und Bibelstellen mit der Muttermilch auf, sondern vor allem praktisch gelebten Glauben. Das, was wir im Familien- und Gemeindealltag jeden Tag sehen konnten, war weit entfernt von religiösen Theorien. Nein, wir bekamen echte Gemeinschaft und Nächstenliebe vorgelebt. Etwa, wenn unsere Gemeinde einer in Not geratenen Familie innerhalb von ein paar

Tagen eine Wohnung, eine Grundausstattung und ein Dutzend motivierter Umzugshelfer organisierte. Oder wenn jemand ins Krankenhaus musste und selbstverständlich dessen Tiere versorgt, das Haus geputzt und warme Mahlzeiten für die restlichen Familienmitglieder gekocht wurden. Und auch, wenn wir als Kinder mal was verbockt hatten – dann wurden wir zwar konsequent, aber immer liebevoll zur Rechenschaft gezogen.

Mit Schokolade zum Gebet

Wie kommt Gott einem Kind nahe? Wie wird er für eine Kinderseele spürbar? Ich weiß noch genau, wie ich als Kind zum ersten Mal merkte, dass mich Gott offensichtlich nicht im Stich lässt. Ich war damals 7 oder 8 Jahre alt. Es war Nikolaustag. Am Morgen hatte ich meinen mit Schokolade und anderen Leckereien gefüllten Stiefel vor der Tür des Kinderzimmers vorgefunden. Was tut ein Siebenjähriger, der sonst mit Süßigkeiten nicht gerade verschwenderisch versorgt wird, mit einem solchen Fund? Klar, er futtert den Stiefel ratzekahl leer.

Genau das tat ich. Und dann bekam ich plötzlich starke Bauchschmerzen. Mir wurde schlecht, so schlecht, dass ich mich zu übergeben drohte. Da entsann ich mich der – für mich damals noch geheimnisvollen – Kraft des Gebets. Das half doch bei den Großen auch! Würden sie sonst beten? Also wandte ich mich in meiner Not an Gott, den ich in tiefem Ernst bat: „Lieber Gott, nimm mir bitte die Bauchschmerzen weg!"

Diesem Gebet verdanke ich eine tiefe Einsicht als Kind. Nämlich die, dass Gott tatsächlich zuhört, wenn man betet. Denn plötzlich war mir nicht mehr schlecht, plötzlich waren die Bauchschmerzen einfach weg. Was genau der Grund dafür war, weiß ich bis heute nicht. Ich weiß aber, dass ich in diesem Augenblick verwundert auf mein Stoßgebet zurückblickte und feststellte: *Das scheint ja wirklich zu helfen! Gott nimmt mein Gebet ernst.* Nicht umsonst gibt es ein Sprichwort, das besagt: „Kindergebet durchdringt die Wolken!"

Ich kam ins Grübeln: *Also ist das wahr, was die Erwachsenen sagen! Das ist mehr als das Aufsagen von ein paar Zeilen, das man halt macht, weil man es so gelernt hat! Das sind nicht einfach nur Floskeln, da ist mehr dahinter.* Das wurde mir an diesem Nikolaustag klar. Und auch wenn die Sache mit dem Glauben sich als nicht ganz so einfach erwies, wie es mir als Kind schien, hat sich die Erkenntnis, dass Gebet mehr bewirken kann, als man für möglich hält, immer wieder in meinem Leben bewahrheitet.

Musik spielte in unserer Gemeinde und in unserer Familie immer eine große Rolle. Früh hatte ich mich für die Gitarre interessiert. Und dann wurde ich gefragt, ob ich nicht die musikalische Leitung des Gottesdienstes übernehmen wollte.

Noch heute weiß ich genau, wie es sich anfühlte, als ich das erste Mal in eigener Verantwortung vor der Gemeinde stehen sollte. Es war aufregend, ich war ein bisschen zittrig, es war nicht einfach, aber wunderschön. Bis heute habe ich Freude daran, diese Aufgabe wahrzunehmen und Musik mit und für andere Menschen zu machen.

Rumänische Begegnungen

In meinem Zivildienst nach meiner Ausbildung bin ich nach Rumänien unterwegs gewesen, um Hilfsgüter dort hinzubringen für den AVC, das Aktionskomitee für Verfolgte Christen. Das war 1988, zu Zeiten des alten totalitären Regimes von Ceaușescu – und beileibe keine Urlaubsreise. Das Land war für mich, der ich aus einer behüteten und wohl versorgten Umgebung stammte, vom ersten Augenblick an sehr befremdlich. Allein schon die Straßen und Wege! Dreck, Unordnung, Verwahrlosung, so weit das Auge reichte. Das war nicht das, was ich von einem Land, das zu Europa gezählt wird, erwartet hatte.

Das war eine wichtige Zeit für mich, denn ich lernte erstens ein Leben kennen, das ganz anders war als meines. Und zweitens Menschen und Situationen, die geradezu nach Veränderung schrien!

Es gab eigentlich keine richtigen Straßenränder, nirgendwo; am Rand fransten die Straßen und Wege, so sie denn überhaupt befestigt waren, einfach aus und endeten im Schlamm. Die Dörfer, durch die ich fuhr, existierten nur vorne an der Straße. Was dahinter kam, blieb schemenhaft. Das Ganze sah ein bisschen aus wie eine verwahrloste Theaterkulisse. Auf den ersten Blick vielleicht malerisch, aber in Wirklichkeit der bitteren Not geschuldet waren die vielen Pferdefuhrwerke, denn es gab einfach kein Geld für Autos. Autos, die fuhren nur die Bonzen der Partei, und die residierten nicht in den elenden Dörfern, sondern in den Städten, deren Charme damals allerdings schon heftig im Verfall begriffen war und nur durch die Wende gerettet werden konnte.

Die ganze Zeit in Rumänien hatte ich das unbestimmte, aber deutliche Gefühl: „Sieh lieber zu, dass du hier schnell wieder wegkommst!" Dies wurde durch die Tatsache verstärkt, dass man auf Schritt und Tritt den Geheimdienst Rumäniens auf den Fersen hatte, die Securitate. Die Kontrolle durch den Geheimdienst war total und in meiner Erinnerung sogar körperlich beklemmend spürbar.

Aus dieser Zeit nahm ich eine Erkenntnis mit: Erstens ist es keineswegs selbstverständlich, in Freiheit zu leben. Und zweitens: Wenn das Elend überhandnimmt, darf man die Menschen nicht darin versinken lassen. Sandra und ich betrachten es bis heute als unsere Aufgabe, dort Hilfe zu leisten.

Die Gitarre führt zusammen

Sandra: Ich bin die Älteste von vier Geschwistern – außerdem hatten meine Eltern zusätzlich zwei Pflegekinder in unsere Familie aufgenommen. Zu dieser Zeit war ich 7 Jahre alt. Es gab da eine Klassenkameradin, die sollte aus familiären Gründen in ein Heim geschickt werden. Sie hatte noch eine Schwester, der ebenfalls dieses Schicksal drohte. Das Mädchen sagte zu mir: „Wenn die mich ins Heim bringen, dann haue ich einfach ab – egal wohin!"

Mir ging das schrecklich nahe. Ich habe die Geschichte meinen Eltern erzählt und dann meine Mutter und meinen Vater bekniet, ob wir nicht helfen könnten. Und das Tolle war: Meine Eltern haben die Mädchen aufgenommen. Auch sie dachten sich, dass es für die Kinder sicher furchtbar wäre, ins Heim geschickt zu werden. Also fanden die beiden eine neue Heimat bei uns. Plötzlich waren wir sechs statt vier Geschwister, aber wir alle freuten uns riesig. Natürlich gab es Höhen und Tiefen, man hat sich gestritten und dann wieder zusammengerauft.

Noch heute imponiert mir die stille, gerade Art meiner Eltern. Als es um das Lebensglück von zwei kleinen Kindern ging, haben sie nicht lange gefackelt, sondern gehandelt. Die beiden aufzunehmen, das war praktische Nächstenliebe. Für mich und meine Geschwister ein tolles Vorbild. Noch heute haben meine Eltern einen Pflegesohn, der wie ein kleiner Bruder für uns ist.

Die Familie von Reinhard kannte ich aus der Gemeinde, und irgendwie spürte ich früh, dass ich einen der Schlitter-Jungs heiraten würde. Als ich so etwa 10 Jahre alt war, hatte ich einen eindrücklichen Traum. Mein Vater und Reinhards Vater standen in diesem Traum auf dem Parkplatz unserer Gemeinde und mein Vater sagte: „Wir werden mal dicke Verwandte!" Dieser Satz hat mich immer begleitet.

Unsere Gemeinde war schon früh sehr wichtig für uns. Als mein kleiner Bruder mit 2½ Jahren schwer erkrankte, hat die ganze Gemeinde Anteil genommen, meinen Eltern Trost gespendet und auch praktisch geholfen. Das sind Erlebnisse, die prägen. Ich fühlte mich in dieser großen Gemeindefamilie sehr wohl, und mit 11½ Jahren habe ich mich dann ganz bewusst für den christlichen Glauben entschieden und mich taufen lassen.

Reinhard ist 7 Jahre älter als ich. Richtig kennengelernt haben wir uns in der Jugendgruppe der Gemeinde. Er war der beste Gitarrenspieler, und wir Mädels haben ihn natürlich alle bewundert. Als ich ihn mal fragte: „Kannst du mir Gitarre spielen beibringen?", hat er kurzerhand gesagt: „Ja, natürlich, kein Problem!" Von da an hat Reinhard dann tatsächlich mir und ein paar anderen Gitarrenunterricht gegeben, wann immer Zeit war.

Irgendwie hatte er mir gegenüber manchmal etwas Provozierendes. Vielleicht habe ich mal weniger geübt, oder er hat von mir mehr erwartet als bei den anderen – und dann hat er mir eine Sonderaufgabe aufgebrummt, ein extra schweres Lied zusätzlich zum Üben, eins mit vielen Dur-Wechseln. Dabei habe ich mir manchmal regelrecht die Finger abgebrochen! Oh, war ich zwischendurch sauer auf ihn! Dadurch wäre unsere noch gar nicht existente Beziehung beinahe schon gescheitert, bevor sie überhaupt begonnen hatte. Aber vielleicht ging das schon damals in die Richtung: *Was sich liebt, das neckt sich …?*

Reinhard ist nämlich eigentlich eher ein stiller Typ, manchmal kurz angebunden. Er überlegt gründlich, bevor er etwas sagt. Und wenn er dann spricht, hat das immer Hand und Fuß. Doch als ich älter wurde und mich ernsthaft für ihn zu interessieren begann, hätte ich ihn manchmal am liebsten kräftig geschüttelt, gerade weil er nicht so recht aus sich herauskommen wollte. Das habe ich sogar in meinen Tagebüchern festgehalten.

„Die oder keine!“

Reinhard: Dass wir zusammenkamen, ging letztlich von mir aus, weil ich der Ältere war. Klar, Sandra hat recht: Bei mir reifen die Dinge einfach etwas länger. Aber wenn ich einen Entschluss gefasst habe, dann ist auch nichts mehr dran zu rütteln. Sandra wuchs mir immer mehr ans Herz. Irgendwann war für mich klar: „Die oder keine!“ Ab diesem Zeitpunkt gab es einfach keine andere Option mehr für mich. Ich habe kein anderes Mädchen mehr angeschaut.

Ehrlich gesagt ist mir bis heute nicht klar, was eigentlich geschehen wäre, wenn sie Nein gesagt hätte! Ich war einfach so überzeugt – manche würden es vielleicht naiv nennen –, dass wir beide zusammengehörten. Es gab in meinem Herzen keine andere Möglichkeit. Angezogen hat mich vor allem Sandras fröhliche, herzliche Art, ihr Lachen, ihre Offenheit: Wenn sie in einen Raum voller Leute kam, hatte sie im Nu die Aufmerksamkeit aller Anwesenden. Ich war schon damals ganz anders und bin es heute noch, aber das gefiel mir besonders an ihr. Gegensätze ziehen sich ja bekanntlich an.

Ich bin dann nicht groß hinter Sandra hergelaufen und habe versucht, sie zu umgarnen. Das wäre weder meine Art gewesen, noch hätte es ihr gefallen. Ich habe einfach darauf vertraut, dass sie diejenige ist, die zu mir gehören will, weil sie mich mag und weil sie auch zu mir passt. Aber jeder erlebt das anders, man kann keine Geschichte verallgemeinern, und Liebesgeschichten schon gar nicht.

Ich war mittlerweile 25 und ausgebildeter Maschinenschlosser. Bin viel mit dem Fahrrad unterwegs gewesen, habe mit Auto und Zelt in den Jahren zuvor Europa erkundet. 1993 war ich auf Hawaii, eine spannende Reise, die mir unter anderem ein wunderbares Gefühl gegeben hat: Ich muss keinen unerfüllten Traum mehr mit mir herumschleppen, der manche andere Menschen ihr Leben lang begleitet und den sie aufgrund ihrer Verpflichtungen nicht mehr verwirklichen können. Ich habe ihn mir einfach vorher erfüllt, bevor es schwierig geworden wäre.

Entscheidung auf dem Eis

Sandra: Ich habe schon früh angefangen, Gott darum zu bitten, dass er mir einen Hinweis gibt, wer der richtige Mann für mich sein könnte. Klar: In diesem Alter fahren die Gefühle aller Mädchen Achterbahn. Um mich herum ver- und entliebten sich meine Klassenkameradinnen, stürzten sich in Liebesabenteuer, die sie ernüchtert zurückließen, und wieder andere fürchteten schon mit 16, niemals den Traummann zu finden. Da war leider ziemlich viel Wahres dran. Denn viele dieser Träume, so wurde mir klar, stammten eher aus Zeitschriften als aus dem realen Leben.

Bei mir war das anders. Ich fühlte mich in Familie und Gemeinde, bei Freunden und Kumpels gut aufgehoben und machte mir gar nicht viele Gedanken darüber, ob mir der Mann meines Lebens irgendwann begegnen würde und wenn ja, wer es sein würde. Als ich 17 war, fuhren meine Geschwister, Freunde und ich öfters zum Schlittschuhlaufen nach Grefrath. Schlittschuh fahre ich nämlich für mein Leben gern. Richtigen Eislaufunterricht habe ich leider nie gehabt; genauso wenig übrigens wie Klavierstunden, obwohl ich immer davon geträumt hatte, aber das konnten sich meine Eltern einfach nicht leisten. Ein Klavier war nicht im Haushaltsbudget drin.

Aber wir hatten wenigstens ein Eisstadion vor der Tür, und das wurde meine zweite Heimat. Manchmal sind wir auch im Winter kurzerhand 10 Kilometer zu den Krickenbecker Seen gefahren, wenn die zugefroren waren. Schon als Kind habe ich mir geschworen: *Wenn ich mal Kinder habe, dann kommen die mit spätestens drei aufs Eis.* Das habe ich übrigens auch eingehalten!

Als Jugendliche der Gemeinde haben wir uns gelegentlich im Eisstadion getroffen. Und an so einem Abend beim Schlittschuhlaufen geschah es dann: Plötzlich fragte mich Reinhard, ob ich mir vorstellen könnte, mit ihm zusammen zu sein. Ich weiß noch, was ich daraufhin sagte. So etwas wie: „*Och, da muss ich erst mal drüber nachdenken!*" Dabei wusste ich ganz sicher, dass er der Richtige war! Ich weiß nicht, ob Reinhard damals zusammengezuckt ist oder ob er plötzlich Zweifel hatte. Wir liefen jedenfalls damals einfach unsere Runden zu Ende und meine Schwester (leicht verärgert, dass ich nicht mit ihr gelaufen war) und ich radelten wieder nach Hause.

Danach passierte erst mal gar nichts, weil Reinhard krank wurde und mit einer Grippe flachlag. Am 1. Februar 1994 habe ich es nicht mehr ausgehalten: Ich rief ihn an und habe ihm einfach durchs Telefon gesagt: „Ja, ich will!" Und er hat tief durchgeatmet und gesagt: „Das ist super!"

Reinhard: Mir ging es an dem Tag wirklich schlecht: hohes Fieber, Übelkeit, Kopfschmerzen, ich wollte eigentlich niemanden sprechen. Doch als mein Vater den Anruf angenommen hatte und sagte: „Die Sandra ist dran!", hielt mich nichts mehr im Bett. Ich hatte ehrlich gesagt nur auf ihren Anruf gewartet, wollte unbedingt ihre Stimme hören und wissen, ob sie sich entschieden hatte, was mich anging.

So komisch das klingt, den Gedanken, dass sie auch Nein sagen könnte, den gab es für mich überhaupt nicht. In meinem Herzen wusste ich schon längst, dass wir füreinander bestimmt waren. Was wäre gewesen, wenn ich einen Korb von Sandra bekommen hätte? Ich hätte mich sicher nicht vor den Zug geschmissen. Aber ich glaube, es hätte mich schon ziemlich durchgeschüttelt. Denn aus solch einer gefühlten Sicherheit zu fallen, das wäre dann doch sehr hart gewesen. Doch so ist es ja Gott sei Dank nicht gekommen.

Wir werden eine Familie

Dann ging alles ganz schnell: Wir haben uns im Juli verlobt, denn schließlich stamme ich aus einem Pastorenhaushalt und da sollte alles seine Ordnung haben. Meine Eltern wurden zur gleichen Zeit nach Karlsruhe berufen und zogen deshalb um. Meine Schwester ging mit ihnen und meine Brüder hatten mittlerweile schon Familie. Ich wollte in Sandras Nähe sein und außerdem hatte ich ja einen guten Job in Krefeld, daher blieb ich dort und wurde sozusagen in Sandras Familie mitadoptiert. Wir haben viele Nachmittage und Abende in ihrem Haus zusammen verbracht, Gespräche geführt, gegessen und gelacht, miteinander Spiele gespielt und uns ausgetauscht. Die offene Art der ganzen Familie von Sandra hat mir sehr gefallen.

Noch heute ist das Verhältnis zu meinen Schwiegereltern und den anderen Verwandten sehr herzlich. Das ist nicht selbstverständlich; für gute Verwandtschaftsbeziehungen und Freundschaften sollte man stets dankbar sein. Wie überlebenswichtig solche Beziehungen sind, wurde uns in voller Tragweite erst in dem Augenblick klar, als die Katastrophe in unser Leben trat.

Nach einer Weile begannen Sandra und ich, uns in Krefeld nach einer gemeinsamen Wohnung umzusehen, doch wir ließen uns damit Zeit, denn Sandra wollte und sollte erst ihre Ausbildung zur Arzthelferin abschließen, dann wollten wir heiraten und danach erst zusammenziehen. Dieser Weg war für uns richtig und gut so.

Im März 1996 haben wir geheiratet. Als Trauspruch wählten wir den wunderbaren Vers aus Philipper 1, 6: *Ich bin ganz sicher: Gott wird das gute Werk, das er bei euch angefangen hat, auch vollenden.*

Unsere Hochzeitsreise führte uns nach Frankreich – unser kleines Auto war mit Zelt und Campingausrüstung vollgestopft. Wir beide lieben dieses Land und sind immer wieder gerne dort hingefahren. Zwei Wochen waren wir in den Flitterwochen unterwegs, die uns bis zur Côte d'Azur führten. Wir waren nicht reich, aber das machte uns überhaupt nichts aus, so glücklich, wie wir waren! In Cannes erlaubten wir uns sogar einmal den Luxus eines Hotelzimmers für eine Nacht. Am Strand aßen wir leckeres Baguette, am Abend lauschten wir dem Rauschen der Wellen, waren einfach nur jung und glücklich und bis über beide Ohren verliebt. Braungebrannt und voller Elan kehrten wir nach unserer Hochzeitsreise wieder nach Krefeld zurück.

Sandra: Wir hatten uns gerade in unserer neuen Wohnung in Krefeld eingelebt, da kündigte sich auch schon unser erstes Kind an, und im Februar 1997 kam Alexander zur Welt. Anfangs stand die Frage im Raum: Eigentlich ist es doch ein bisschen früh, oder? Ich war gerade 21 geworden und stand kurz vor meiner Abschlussprüfung zur Arzthelferin.

Doch was heißt schon „zu früh“ … jedes einzelne unserer vier Kinder ist ein Wunschkind. Und dennoch sind sie alle auch ein bisschen Überraschungskinder gewesen. Wir haben unsere Kinder nicht mit der Uhr in der Hand „geplant“ – sie sind halt einfach gekommen, wann Gott es für richtig hielt. Und wir haben sie dann gern in unserem Herzen und in unserem Leben willkommen geheißen. Ihre „Liefertermine“ waren teilweise etwas überraschend für uns, weil wir uns gerade gesagt hatten: „Na ja, ein paar Jährchen könnten wir ja jetzt mal warten …“ Aber letztlich hätten wir uns auch über eine komplette Fußballmannschaft gefreut, wenn sie sich angekündigt hätte.

Reinhard: Man braucht sich nur in seinem Bekanntenkreis umzuhören. Wie oft heißt es da: „Wir können leider keine Kinder kriegen!" Freunde und Bekannte berichteten von langwierigen und teuren Untersuchungen, von künstlicher Befruchtung, von Sex auf Kommando und nach Zeitplan: „Jetzt müssten die fruchtbaren Tage beginnen!" Wir sind wirklich dankbar, dass uns das erspart geblieben ist. Kinder lassen sich nicht planen und erst recht nicht erzwingen. Wir haben das große Glück gehabt, mit vier fast komplikationslosen Schwangerschaften und gesunden Kindern gesegnet worden zu sein.

Die Kinderschar wuchs. 1998 und 1999 kamen mit Julia und Mirco neue Mitglieder zur Familie dazu. Unsere Wohnung in Krefeld platzte aus allen Nähten. Uns wurde klar: Wenn wir unsere Kinder entspannt aufwachsen sehen wollen, brauchen wir mehr Platz. So gingen wir zusammen mit Verwandten eine erste Hausplanung an. Wir wollten gemeinsam ein Doppelhaus bauen, in dem wir Wand an Wand mit vertrauten Menschen leben und uns gegenseitig unterstützen konnten. Doch so viel wir auch rechneten – ohne einen zweiten Verdienst konnten wir dieses Projekt nicht stemmen. Doch wie hätte Sandra arbeiten gehen sollen, mit damals schon drei Kindern und einem vierten unterwegs, nämlich unserem Nesthäkchen Judith? Nein, unmöglich. Wir mussten den Plan beiseitelegen.

Ein Zuhause in Grefrath

Sandra: In Krefeld waren allein schon die Grundstücke unerschwinglich. Da kam uns ein Zufall zu Hilfe: Eine Arbeitskollegin meiner Schwester Kathrin erzählte ihr, dass ihr Haus in Grefrath zum Verkauf stehe. Grefrath – da wohnten mittlerweile meine Eltern, und zwar nur wenige Meter von dem fraglichen Haus entfernt!

Reinhard und ich fuhren sofort hin und verliebten uns auf den ersten Blick in das schmucke Backsteinhaus aus dem Jahr 1904. Es hatte alles, was wir uns gewünscht hatten: Platz für viele Kinder, einen schönen großen Wohnraum, einen Garten mitten im gemütlichen Grefrath und auch noch zu einem bezahlbaren Preis. Wir fackelten nicht lange und wurden uns schnell mit den Verkäufern einig. Das war im Jahr 2001.

Reinhard: Es war ein schönes Stück Arbeit, das Haus so herzurichten, wie wir es wollten. Mittlerweile hatte sich ja auch Kind Nr. 4 angekündigt, unsere Judith. Ob man es glaubt oder nicht: Das vierte Kind macht, wenigstens was die reine Zahl angeht, die meisten Schwierigkeiten. Auf den Formularen von Behörden ist meist nur Raum für drei Kinder; falls man mehr hat, wird man gebeten, ein Extra-Blatt beizufügen. Häuser – und hier vor allem Neubauten – verfügen, wenn überhaupt, höchstens über drei Kinderzimmer; der durchschnittliche Kombi bietet maximal fünf Personen Platz zum Mitfahren. Solange wir zu fünft waren, fuhr ich einen VW Passat. Den habe ich nach Judiths Geburt gegen einen Sharan ausgetauscht, der sieben Mitfahrern Platz bietet – das sollte wohl erst mal reichen!

Beim Umbau richteten wir vier Kinderzimmer unter dem Dach ein, sodass wir jedem unserer Schätze ein eigenes Reich bieten konnten. Das Haus haben wir von Grund auf saniert –

von den Elektroleitungen über Teile der Zentralheizung bis hin zu Fliesen und Fußböden, Decken, Fenstern und Wänden. 2001 zogen wir in unser neues Zuhause ein.

Sandra: Nun kam Leben in das alte Haus und mit der Zeit kristallisierten sich die unterschiedlichen Charaktere unserer Kinder immer deutlicher heraus.

Da ist Alexander, unser Ältester. Als Kind hatte er öfter Probleme mit der Atmung. Eines Abends blieb seine Atmung einfach stehen – Reinhard brach der Schweiß aus vor Panik. Stoßgebete zum Himmel, Alex atmete wieder normal. Kind beruhigen und dann ab zum Notdienst. Der stellte einen Krupp-Anfall fest. Dafür bekamen wir ein paar Tipps und alles war entspannt.

Alex ist ein Tüftler und Bastler, sehr selbstbestimmt, klar und deutlich in den Zielen, die er verfolgen will. Er hat sich früh einen Aushilfsjob als Gärtner gesucht, mit dem Ziel vor Augen, sich von dem Geld eigene Wünsche zu erfüllen. Seine Zielstrebigkeit beinhaltet auch, dass er die Schule gut selbst meistert. Wenn er mal eine 4 einstecken musste, sagt er: „Ah, da muss ich wohl wieder mal mehr für Latein tun!" Er stellt genaue Kosten-Nutzen-Rechnungen auf, was seinen Lernaufwand angeht. Mit geringstem Aufwand den größtmöglichen Erfolg erzielen – wenn jemand dieses Minimax-Prinzip beherrscht, dann unser Großer. Eins ist klar: Der Junge ist ausgesprochen schlau. Stärker ist aber noch seine soziale Intelligenz.

Julia ist ein stilles, tiefes Wasser. Man nimmt sie auf den ersten Blick oft gar nicht so richtig wahr. Dabei ist sie kein schwacher Jasager, aber sie passt sich nach außen eher an. Ihre eigene Meinung hat sie aber trotzdem! Wenn Julia von einer Sache überzeugt ist, setzt sie sich da ein, wo es nötig ist, zieht ihre Sache konsequent durch und lässt sich von nichts und niemandem davon abbringen. Dabei bleibt sie ihrer unauffälligen, aber bestimmten

Art immer treu. Sie geht für ihr Leben gern reiten. Das hat sie ganz früh angefangen, schon mit 7 Jahren, auf einem Reiterhof in Grefrath. Wie alles, was sie wirklich will, hat sie auch diesen Wunsch schon in diesem zarten Alter relativ nüchtern vorgetragen – und dabei ist es auch für sie geblieben. Sie wollte das, und sie machte es. Typisch für unsere Julia: Selbst dieses Herzensanliegen hat sie nicht sehr emotional vertreten, dafür aber absolut entschlossen. Um ihre wahren Gefühle herauszufinden, muss man sich bei ihr Zeit lassen und etwas tiefer bohren.

Judith ist äußerst temperamentvoll und ausgesprochen selbstbewusst. Was ihr nicht passt, das sagt sie. Und zwar ziemlich laut und deutlich. Einer ihrer entscheidenden Sätze lautet: „Papi, du machst das nicht, du musst das aber machen!“ Klar: Als Jüngste der Familie musste sie früh lernen, ihren Willen durchzusetzen und auch einfach mal Recht zu haben! Wer könnte ihr das verdenken.

Und unser Mirco? Das ist eine eigene Geschichte.

Kapitel 3

Mirco startet ins Leben

Sandra: Nach zwei tollen Kindern – Alex und Julia – hatten wir uns wie gesagt eigentlich gedacht: *Lassen wir uns doch ein paar Jahre Zeit, bis wir unseren nächsten Nachwuchs begrüßen. Dann haben wir Zeit und Energie, um unsere Hauspläne zu verwirklichen.*

Doch das Leben spielt ja gern mal anders. Manchmal sogar mit Ansage. In Mircos Fall war das so: Etwa ein Jahr zuvor waren in unserer Gemeinde zwei Pastoren aus Afrika zu Gast. Sie predigten, feierten Gottesdienste mit uns und beteten für und mit uns. Da geschah etwas Sonderbares: Einer der Pastoren, der uns nachweislich nicht kannte und nichts über unsere Familie wusste, betete mit mir und sagte: „Fürchte dich nicht, der Herr gibt dir Kraft und hat auch die Frucht, die in dir ist, gesehen und angerührt. Behüte sie und unterweise sie, spricht der Herr." Das kam für mich so unerwartet, dass ich mich vor Schreck erst einmal sammeln musste. Es klang so, als ob ich wieder schwanger wäre, was ich aber zu dem Zeitpunkt nicht war.

Doch irgendwie macht mich diese Begebenheit auch neugierig, und wir dachten uns: *Wir lassen uns gerne überraschen und sind gespannt, was für ein Kind uns vielleicht doch noch geschenkt werden soll.* Um kein Missverständnis aufkommen zu lassen: Wir leben im Hier und Jetzt und nicht im medizinischen Vorgestern. Auch wir wissen, was man tun muss, um ein Kind zu bekommen oder eben nicht. Aber wir hatten jetzt dann doch das Gefühl:

Warum eigentlich nicht? Und mehr als zwei Kinder wollten wir ja sowieso.

Schwangerschaft mit Hindernissen

Und dann wurde ich wirklich recht bald erneut schwanger. Die ersten Wochen der Schwangerschaft waren noch ganz normal. Doch plötzlich veränderten sich meine Blutwerte, der Hb-Wert erhöhte sich dramatisch; ich verlor mit einem Mal Blut. Meine große Sorge war, dass dadurch das Kind gefährdet würde. Doch eine erste Untersuchung beim Frauenarzt ergab, dass das Baby nicht in unmittelbarer Gefahr sei. Er sagte mir: „Mit der Schwangerschaft hat das vielleicht gar nichts zu tun. Es handelt sich um Blut im Stuhl – und wir müssen sofort prüfen, woher das kommt!"

Also wurde ich zu einer Internistin überwiesen. Sie untersuchte mich und wollte mich am liebsten sofort mit dem Rettungswagen in die Klinik bringen lassen. Es gefiel ihr ganz und gar nicht, dass meine Blutwerte so schlecht aussahen und ich auch immer noch Blutungen aus dem Darm hatte. Also nahm mein Vater, der mich auch zur Ärztin gefahren hatte, Alexander und Julia mit nach Grefrath und ich rief Reinhard an, damit er mich in die Klinik fahren konnte. Als ich ihm alles schilderte, liefen Tränen über mein Gesicht, denn das konnte ich jetzt gar nicht gebrauchen. Reinhard sprach mir Mut zu und tröstete mich übers Telefon. Ich fasste mich wieder und packte dann ziemlich gelassen, wie das Mütter wohl auf der ganzen Welt an sich haben, meine Kliniktasche. Denn wer Kinder hat, weiß, dass man sich nicht gleich durch jede Nachricht und jede Befürchtung verrückt machen lassen darf, selbst, wenn sie von Fachleuten wie Ärzten stammt. Wir sind daher selbst und recht ruhig in der Klinik vorgefahren.

Die Reaktion der Klinikärzte fiel allerdings anders aus als erwartet – sie schlugen die Hände über dem Kopf zusammen. Warum, erfuhr ich erst im Nachhinein: Die Ärztin hatte mich dort mit der Befürchtung angemeldet, ich würde vielleicht nicht mehr lebend ankommen, so schlecht schätzte sie meine Chancen ein!

In der Klinik startete das volle Programm. Im Eiltempo wurden alle möglichen Untersuchungen durchgeführt, um herauszubekommen, an was ich denn nun wirklich litt. Innerhalb weniger Tage entwickelten sich meine Blutwerte so dramatisch zum Negativen, dass es für mein Baby und mich zunehmend bedrohlich aussah. Es bestand wirklich Lebensgefahr!

In diesen Stunden fühlte ich mich in der Klinik ein bisschen alleingelassen, denn Reinhard war zwischendurch nach Hause gefahren, um sich um Alex und Julia zu kümmern. Meine Eltern waren leider im Urlaub und so kurzfristig konnte auch niemand anders einspringen.

Nach Bluttransfusionen und Medikation ging es mir bald wieder besser. Doch eine unerfreuliche Diagnose nahm ich mit, als ich nach vierzehn Tagen das Krankenhaus wieder verlassen durfte. Sie lautete *Colitis ulcerosa*, chronische Darmentzündung. Eine Krankheit, deren Ursache bis heute noch nicht ganz geklärt ist, die aber unangenehme Begleiterscheinungen mit sich bringt. Wer unter dieser Krankheit leidet, kennt die Symptome: Bauchkrämpfe und Durchfall, mangelnder Appetit, starker Gewichtsverlust, Druckschmerzen im Bauch, Fieber und Übelkeit können dazugehören. Diese Symptome hatte ich aber nicht bewusst wahrgenommen, da ich manches Zipperlein der Schwangerschaft zugeschrieben hatte. Die Ärzte des Krefelder Klinikums betreuten mich hervorragend, fanden die passenden Medikamente und gaben mir außerdem den guten Ratschlag mit, zumindest mal bis zum Ende der Schwangerschaft langsam zu machen.

Ich nahm mir das trotz meiner beiden anderen Kleinen zu Herzen. Bis zum Ende der Schwangerschaft ging ich den Alltag so ruhig wie möglich an – unterstützt von Reinhard und meinen Eltern sowie Freunden und Verwandten, die mir viele kleine Aufgaben abnahmen.

Am 18. September 1999 war es dann soweit. Die Wehen setzten ein. Gegen 9:00 Uhr riefen wir meine Eltern an, damit sie Alex und Julia abholten, anschließend stiegen Reinhard und ich ins Auto und fuhren in die Klinik nach Uerdingen. Dort sind auch schon unsere beiden älteren Kinder geboren worden und wir fühlten uns dort gut aufgehoben.

Die Nabelschnur um den Hals

Die Geburt selbst verlief für mich recht leicht, doch nicht ohne Komplikationen: Unser Sohn kam um 11:37 Uhr blau angelaufen auf die Welt, denn er hatte die Nabelschnur zweimal um den Hals gewickelt. Zum Glück blieb das ohne Folgen und der Kleine füllte bald seine Lungen für den ersten Schrei. Er war 3.750 Gramm schwer und 55 Zentimeter lang. Die ganze Familie freute sich über die Ankunft des neuen Mitglieds.

Doch wie alle Kinder blieb auch Mirco von Unfällen nicht verschont. Im Dezember 1999 fiel mir Mirco vom Wickeltisch, als ich mich für einen kleinen Moment um meine Kontaktlinsen kümmern wollte. Ich war entsetzt, er blutete aus dem Mund. Mir tat mein Baby so leid! Wir verbrachten eine Nacht zur Überwachung in der Klinik, doch glücklicherweise war nichts Schlimmes geschehen – beim Sturz hatte er sich lediglich das Lippenbändchen verletzt. Das sicherheitshalber durchgeführte EEG und die Sonografie des Köpfchens zeigten keine weiteren Verletzungen.

Am 9. Januar 2000 wurde Mirco in der Christengemeinde in Krefeld gesegnet. In unserer Gemeinde legen wir Wert darauf, dass ein Mensch selbst entscheiden darf, ob er durch eine Taufe zu einer Glaubensgemeinschaft gehören möchte oder nicht. Und das kann nun mal kein Säugling. Dennoch wollten wir unser drittes Kind ebenso wie die anderen ganz bewusst vor Gott bringen und seinen Segen für sein Leben erbitten. Auf einer Kachel eingebrannt nahmen wir einen Satz aus der Apostelgeschichte mit nach Hause: *Man muss Gott mehr gehorchen als den Menschen.*

Für Mirco wurde das ein beinahe prophetischer Satz. Denn früh erwies sich, dass unser drittes Kind einen ganz eigenen Charakter hatte. Das zeigte sich zum Beispiel an seinem ausgeprägten und unverwechselbaren Drang nach oben. Mirco war von Anfang an, sobald er sich selbstständig bewegen konnte, ein kleiner Kletterer. Das begann schon bei den Gitterstäben seines Kinderbettchens. Sie konnten ihn nicht lange daran hindern, aus dem Bett herauszuklettern. Auch der Schlafsack, den wir ihm extra anzogen, um seinen Bewegungsdrang einzuschränken, brachte nichts. Laufen konnte unser kleiner Mirco auch sehr schnell. Schließlich wollte er ja mit seinen älteren Geschwistern mithalten!

Mircos zweiter Geburtstag rückte heran. Es gab einen doppelten Grund zum Feiern: Denn um diese Zeit herum konnten sein Papa und Mirco mich mit seiner jüngsten Schwester Judith aus dem Krankenhaus abholen. Gemeinsam fuhren wir dann an diesem doppelten Jubeltag zu Oma und Opa Schmidt. Dort hatten Mircos große Geschwister schon mit der Oma alles für den Geburtstag vorbereitet. Ich weiß es noch wie heute: Die Freude unseres kleinen großen Jungen war so riesig, er strahlte über das ganze Gesicht. Als großes Geschenk gab es für Mirco „Bob der Baumeister“-Legospielzeug. Mircos Mund war weit aufgerissen vor Begeisterung, als er dieses wunderbare Geschenk sah und begriff, dass es nur für ihn allein bestimmt war!

Berge und Butterhirsche

Es gibt eine ganze Reihe von Mosaiksteinen, kleinen, aber wichtigen Erinnerungen, die uns in den Sinn kommen, wenn wir an Mirco denken. So zum Beispiel die Kur, die wir 2003 im Allgäu verbrachten. Die Hinfahrt war allein schon ein Abenteuer, weil wir mit Bus und Zug unterwegs waren. Judith im Buggy, Alex, Jule und Mirco an einer Joggerleine, damit keiner unserer Schätze verloren ging.

Aus unserem Fenster und vom Balkon aus konnten wir die Berge in ihrer ganzen Pracht sehen. Eines Morgens sind wir aufgestanden, Mirco lief zum Fenster und rief: „Mama, die Berge sind in Watte eingepackt!" Das sah wirklich so aus, wie der Nebel die Gipfel einhüllte.

Als wir eines Tages an den Bodensee fuhren, hat Mirco auf einem Spielplatz den Schornstein einer alten Dampflok erklettert, die dort als Spielgerät aufgestellt worden war, und fröhlich gerufen: „Mama, guck mal, wo ich hier bin!" Das Ding war schon ziemlich hoch – an die 2,50 Meter wird es wohl gehabt haben. Eine andere Mutter meinte: „Ist das dein Kleiner da oben? Wie kriegst du ihn denn wieder runter?"

Ich habe ihr aus meiner mittlerweile schon reichen Erfahrung nur achselzuckend gesagt: „Wenn er da raufkommt, kommt er auch wieder runter!"

Unserer Überzeugung nach ist es nicht gut, seinen Kindern alle Schwierigkeiten aus dem Weg zu räumen. Denn so lernen sie nie, ihre Probleme selbst und angemessen zu lösen. Wir haben in unserer Erziehung stets versucht, unsere Kinder so fit und stark für den Alltag zu machen, dass sie in jeder Lebenssituation voller Vertrauen auf sich selbst, auf die Menschen und auf Gott einen eigenen Ausweg finden. Das ist unser erklärtes Ziel in der Erziehung.

Und in diesem Fall passte es auch wieder: Mirco hat einfach seine Arme um den Schornstein der alten Lokomotive geklammert und sich dann runterrutschen lassen. Dreckig zwar von oben bis unten, dafür aber stolz auf sich und seine Leistung stand er dann vor mir. Und nur darauf kommt es an.

Mirco war also von Anfang an ein süßer Schelm. Niemand konnte ihm böse sein, auch wenn er mal Blödsinn machte. Das zeigte sich auch bei dieser Kur im Allgäu. Er mochte die Wiesen und Wälder dort, das Wandern über die Almen, wo das saftig grüne Futter für die „Butterhirsche" wuchs. Butterhirsche, das waren in seiner Sprache die braunen Kühe des Allgäus. Wir haben viel gelacht und Mirco hat danach immer wieder von diesen Tagen geschwärmt und wollte noch mal ins Allgäu fahren. Wir haben es leider nicht wieder geschafft.

Reisen und der Spaß am Leben

Dafür sind wir aber mit meiner Schwester Kathrin über Pfingsten 2004 in die Schweiz, ins Berner Oberland nach Meiringen gefahren. Wir haben mit den Kindern viele Ausflüge gemacht, sind auf die Berge gekraxelt, haben am See gepicknickt. Auch hier zeigte sich früh Mircos große Liebe zur Natur. Er konnte sich für alles Lebendige so begeistern, dass es für uns als Eltern immer eine Freude war, ihm dabei zuzusehen.

Oft zog es uns zu Kurztrips ins holländische Zeeland, wir hatten es ja nicht weit. Es tat der ganzen Familie gut, am Strand spazieren zu gehen, den Wellen nachzurennen, Muscheln zu suchen und sich den Wind um die Nase wehen zu lassen. Wir sind viel Fahrrad gefahren und haben am Strand Sandburgen gebaut, bis die Schaufeln geglüht haben.

Mirco war auf Reisen immer neugierig auf alles, was er wohl

als Nächstes entdecken könnte. „Nur nichts auslassen!“, war seine Devise. Ein fröhlicher, aufgeweckter Kerl.

Entdeckungen im Sport

Mirco war motorisch sehr geschickt. Mit 2 ½ Jahren stand er schon auf Schlittschuhen. Zudem bewies er früh ein großes Klettertalent und erklomm jeden erreichbaren Baum und notfalls auch seine Eltern in Windeseile. Bei den Fußball-Bambini hat Mirco es mit drei, vier Jahren geschafft, in das obere Eck des Tores zu klettern, allein und ohne Hilfsmittel nur an den glatten Aluminiumpfosten entlang, ohne das Netz zu Hilfe zu nehmen. Der Fußball-Trainer staunte; dieses Kletterkunststück hat kein anderes Kind aus der Gruppe hingekriegt.

Fußball war die frühe Leidenschaft unseres Sohnes. Schon in seiner Kindergartenzeit zeigte er sich als begeisterter Kicker – dazu trug wahrscheinlich das Vorbild der älteren Geschwister bei, die mit ihm Ball spielten. Bis zur F-Jugend, also bis zum 8. Lebensjahr, spielte er im SuS Vinkrath in der Bambini-Mannschaft. Seine Stärke war seine Schnelligkeit: Er flitzte über den Platz wie ein Wiesel. Wenn er sich richtig an den Ball getraut hat, war er kaum zu schlagen.

Nach dem Fußball hat Mirco dann das Reiten für sich entdeckt. Julia war schon Jahre vor ihm begeisterte Reiterin und nahm Mirco ab und zu mit, und bald fing auch er Feuer. Seine erste Reitstunde sollte er auf Roxana erhalten. Das war kein Pony, sondern ein richtiges Pferd. Ein richtig großes Pferd! Unser kleiner Mirco wirkte noch winziger, als er neben der Stute stand. Bei dem Anblick dachte ich: *Huch, hätte es nicht vielleicht doch auch ein Pony getan?* Aber meine Sorge war unbegründet. Denn Roxana war zwar ein großes, aber total liebes Pferd. Sie hat gespürt, dass da ein kleiner Junge auf ihrem Rücken Platz nahm, und sich von Anfang an wie eine echte Dame benommen: nicht gebockt, nicht gezickt, keine Spielchen mit ihrem noch unerfahrenen Reiter gemacht.

Dieses Pferd hat Mircos Begeisterung für das Reiten entfacht. Er war Feuer und Flamme, hat sich auf jede Reitstunde gefreut und konzentriert geübt. Unser Junge wurde zum begeisterten Reiter. Das zeigte sich auch an den Prüfungen, die er, ehrgeizig wie er war, abgelegt hat. Zuerst hat Mirco das „Kleine Hufeisen“ gemacht, dann das sogenannte „Kombinierte Hufeisen“. Diese Prüfungen waren gar nicht ohne. Denn Mirco musste für die Theorie unter anderem über die artgerechte Fütterung von Pferden Bescheid wissen, über das Führen und die Pflege der Tiere, das richtige Verhalten im Stall, Reiten in den drei Grundgangarten Schritt, Trab und Galopp – all das wollte gewusst und beherrscht sein. Wir waren total stolz auf Mirco, dass er alles so gut meisterte. Allerdings erfüllte sich bei den Vorbereitungen zu den Abzeichen auch das alte Reitersprichwort: „Der kein rechter Reiter ist, wer niemals den Sand geküsst!“ Natürlich ist auch Mirco mal von dem Riesenpferd Roxana gepurzelt. Aber auch das ging glimpflich ab: In der Luft hat er eine Flugrolle hingelegt und ist danach auf seinen Füßen wieder aufgekommen! „Sicher gestanden!“, nennt man so etwas wohl beim Skispringen.

Wir sind also ohne Blessuren aus Mircos Reiterzeit hervorgegangen. Der Umgang mit den Pferden hat unserem Jungen richtig gut getan. Er ist gewachsen – an Selbstvertrauen, Mut, Geschicklichkeit, Gefühl für die Tiere und auch im Umgang mit anderen Menschen.

Landliebe

Über das Reiten kam Mirco letztlich auch zu der Leidenschaft, die sein weiteres Leben beherrschen sollte: Denn er entdeckte über den Dienst im Pferdestall sein Herz für die Landwirtschaft. Dort, so entschied er sich, wollte er in Zukunft seine Freizeit am liebsten verbringen.

Einen Bauernhof, auf dem er mithelfen konnte, fand unser Junge ebenfalls auf eigene Faust. Zusammen mit einigen Freunden klapperte Mirco eine Weile lang alle möglichen landwirtschaftlichen Betriebe in und um Grefrath ab und fragte, ob es dort für einen interessierten Jungen etwas zu helfen gebe. Dafür war ihm keine Mühe zu groß. Mirco stand sogar in den Ferien freiwillig morgens um 7:00 Uhr auf, um zum Bauern zu fahren und bei der Arbeit zuzusehen und zu helfen. Und er duftete oft, wenn er nach Hause kam, ziemlich lieblich nach Kuhstall. Dann habe ich ihn einfach rausgeschickt unter die Gartendusche. Den unvermeidlichen grünen Bauernoverall hat er meist gleich im Gartenschuppen ausgezogen, da er noch intensiver nach Mist roch als Mirco selbst und manchmal auch ziemlich eingesaut war. Seiner Begeisterung tat das keinen Abbruch. Er fand sämtliche Tätigkeiten rund um den Bauernhof einfach cool! Und schon bald war er sicher, dass er später auch einmal Landwirt werden wollte.

Eine ganze Sammlung Trecker

Aus dieser Leidenschaft erwuchs ein nächstes Hobby, das Mirco mit nach Hause trug. Genauer gesagt bis in sein Kinderzimmer: die wachsende Sammlung seiner Treckermodelle in den verschiedensten Maßstäben. Fendt-Schlepper, John Deere-Traktoren, Mähdrescher, Grüngutschneider, Pflüge, Heulader, Wender,

Anhänger, also so ziemlich alles, was den technischen Fuhrpark eines modernen landwirtschaftlichen Betriebes ausmacht. Ein Auslöser für dieses Interesse war neben seiner Vorliebe für die Landwirtschaft auch ein Traktorenbuch, das wir ihm geschenkt hatten. In dieses Buch biss er sich regelrecht hinein, kannte nach wenigen Wochen jedes Modell, jeden Namen und jedes Anwendungsgebiet auswendig. Nach dem Buch folgten die Modelle, die er, beharrlich wie immer, zu sammeln begann.

Mit seinen Treckern durfte lange nicht jeder spielen! Selbst seine besten Freunde wurden ermahnt, sie nicht ohne Erlaubnis anzufassen. Ja, sogar Reinhard bekam sie nur dann in die Finger, wenn Mirco bei irgendeiner Bastelei oder einer Reparatur nicht weiterkam und Papas Hilfe brauchte.

Die Schlepper-Modelle stellte Mirco in seinem Zimmer in Reih und Glied auf. Dafür räumte er ein ganzes Regal. Oft fand ich ihn am Abend, wenn er mal nicht draußen spielte, völlig versunken mit seinen Traktoren, mit denen er auf dem hellbraunen Teppichboden spielte und in Gedanken wohl gerade Mais erntete, Heu wendete oder einen Acker pflügte. Dabei ließ er sich nur ungern stören. Wenn ich in sein Zimmer kam und merkte, wie vertieft er war, zog ich mich gleich zurück, wenn es denn nicht was ganz Wichtiges war, was ich ihn fragen musste. Sogar die abendliche Spiel- und Vorlesestunde musste manchmal entfallen, wenn er sein Spiel noch nicht ganz zu Ende gebracht hatte. „Tut mir leid!“, hieß es dann manchmal, „ich muss noch meine Trecker richtig parken!“

In diese wirklich schöne Modell-Sammlung hat Mirco viel von seinem Taschengeld investiert. Er hat immer zu mir gesagt: „Mama, in meinem Zimmer steht ein Vermögen.“ Das stimmte. Denn genauso beharrlich und zielstrebig, wie sich Mirco bemühte, auf dem Bauernhof mitzuhelfen, betrieb er auch den planmäßigen Ausbau seiner Sammlung.

Hier zeigt sich ein weiterer Wesenszug von Mirco: Er war über sein Alter hinaus zielstrebig und verantwortungsbewusst, kümmerte sich bei allem, was ihn interessierte, auch um die Details und war umsichtig in seinen Plänen.

Trecker machten ihm nicht nur als Modelle große Freude. Besonders gelungen waren für ihn die Tage auf dem Bauernhof, an denen er mit dem Bauern zusammen Traktor fahren durfte. Das war einfach sein Ding. Er kam manchen Tag richtig beschwingt von seinen Bauernhofausflügen zurück, und beim Abendessen stand sein Mund nicht still beim Erzählen, wie toll es gewesen war, mit dem Trecker unterwegs zu sein. In solchen Augenblicken, wenn seine Begeisterung und seine wachsende Sachkenntnis sich mischten, kam er Reinhard und mir manchmal schon vor wie ein richtig Großer. Denn in diesen Dingen ging er total auf, investierte sich und hatte Spaß am Lernen – ganz anders als in der Schule, die er immer ein bisschen überflüssig fand.

Ein Anpacker

Es gibt kleine Augenblicke, in denen wird einem plötzlich ganz besonders bewusst, wie schmerzhaft man jemanden vermisst. Das sind manchmal ganz banale, ganz kleine Aufhänger. Einer dieser Momente kommt für mich immer dann, wenn in unserem Garten der Rasen gemäht werden muss. Früher kam erst gar nicht die Frage auf, wer das machen soll. Denn das war ganz klar Mircos Domäne. Mirco hat schon im erstaunlich jungen Alter von sechs, sieben Jahren immer selbst darauf geachtet, ob das Gras zu hoch wurde. Niemand brauchte ihn darauf aufmerksam zu machen.

Natürlich haben wir ihm sorgfältig den Umgang mit dem Rasenmäher gezeigt und ihn vor den Gefahren gewarnt, die das Gerät barg. Aber die ersten gemeinsamen Mähversuche mit

Mirco überzeugten uns: Der Junge hat es wirklich drauf. Sein technisches Geschick, gepaart mit seiner Vorsicht, machten uns klar: Das kriegt der kleine Kerl wirklich hin! Natürlich waren wir immer in der Nähe, um einzugreifen, falls das nötig gewesen wäre. Aber das wurde es nie.

Von da an hat Mirco immer tipptopp den ganzen Garten gemäht – bis in alle Kanten und Ecken. Und danach sogar den Rasenmäher wieder mit aufgerollter Schnur auf den richtigen Platz im Gartenschuppen gestellt. Auf Mirco war einfach Verlass! Er war unser Helfer, ein absoluter Praktiker. In dieser Hinsicht hat er viel von seinem Vater. Auch der ist ein Tüftler, Bastler, Techniker, der nicht eher aufhört zu knobeln, bis er ein technisches Problem gelöst hat.

Mirco wusste sich auch immer zu helfen, wenn die Kette aus seinem Fahrrad abgesprungen war. Wo andere Kinder in seinem Alter ratlos vor ihrem Rad standen und Hilfe brauchten, kratzte er sich am Kopf, besah sich die Sache genau – und hatte meist innerhalb von wenigen Minuten eine praktikable Lösung zur Hand. Wenn später die Freundinnen seiner großen Schwester Julia ein Problem mit ihren Fahrrädern hatten, konnte er meist helfen. Und auch nicht nur bei technischen Problemen.

Eine Begebenheit, die den selbstständigen Charakter unseres Sohnes beschreibt, ereignete sich beim Schüleraustausch mit der französischen Partnergemeinde Frevent. Ein Mädchen aus Frankreich sollte zunächst zu uns kommen, später dann Julia zu ihr. Allerdings gab es da ein kleines Problem: In unserer Familie konnte niemand Französisch, außer Reinhard, der aber natürlich wegen der Arbeit nicht immer verfügbar war. Die Konversation mit unserem Austauschgast drohte sich dementsprechend mühselig zu gestalten. Bis Mirco das Eis brach.

Den Anlass dazu bot ein Ballerina-Schuh, der Julia nicht mehr passte. Den wollten wir unserem Gast zum Anprobieren anbieten.

Kurzerhand nahm sich Mirco den Schuh, zog ihn der jungen Französin an und fragte ganz selbstverständlich auf Deutsch in einfachen Worten, ob der Schuh passte und ob sie ihn haben wollte. Diese kleine Szene erfreute uns alle – wir kamen uns in das Märchen „Aschenputtel" hineinversetzt vor! Mirco, der kleine Prinz, zieht der Prinzessin den Schuh an … und der passt!

Das war typisch Mirco: Auf den Mund gefallen war er wirklich nicht. Und nie hat er einen Augenblick gezögert, wenn Handlungsbedarf oder Not am Mann war. Er hat einfach gemacht.

Begegnung mit dem Himmel

Es gibt Bilder und Erlebnisse, die erhalten für uns eigentlich erst im Nachhinein eine eigentümliche Bedeutung. Mircos Schicksal hat sie in unser Gedächtnis gebrannt.

So wie eine kleine Begebenheit aus dem Sommer 2010. Mirco hatte sich eine einfache, gerade Leiter aus unserem Schuppen geholt und experimentierte damit auf dem Spielplatz hinter unserm Haus herum, als meine Tante Marita vorbeikam und interessiert zusah, was er da machte. Mirco spielte mit der Leiter, versuchte, ungewöhnliche Verwendungsmöglichkeiten dafür zu finden und steckte sie mit beiden Sprossen fest in den Boden. Dann kletterte er hinauf und turnte daran herum.

Als Marita das sah, sprach sie Mirco an: „Das sieht ja ziemlich gefährlich aus, mein Junge! Was soll denn das werden?"

Mirco antwortete, ohne seine waghalsigen Turnübungen zu unterbrechen: „Ich baue mir eine Leiter zum Himmel!"

Wenn wir jetzt daran denken, bekommen wir heute noch ein bisschen Gänsehaut.

Im Juni 2009 gab es für unsere Familie einen tiefen Einschnitt: Unsere von uns allen geliebte Uroma Ruth, die Mutter meines

Vaters, starb im Alter von 84 Jahren. Ihr Tod war absehbar gewesen, sie wusste, dass sie gehen musste. Mirco hatte seine Uroma sehr gemocht, nicht nur wegen der Gummibärchen, die sie immer parat hatte. Bevor sie starb, schrieb sie einen rührenden Brief an alle ihre Urenkel. Dieser Brief wurde für Mirco sehr wichtig. Sie schrieb: „*Liebe Urenkel, Ihr sollt einen letzten Gruß von Eurer Uroma erhalten. Ihr habt mir mein Leben bereichert mit Eurem Leben. Euch heranwachsen zu sehen war mir eine Freude. Ihr seid reich, denn ihr habt Omas und Opas, was ich nicht hatte. Das war sehr schade. So habe ich mich immer wieder gefreut, wenn neues Leben entstand. Seid gehorsam Euren Eltern und Gott in Eurem Leben, Eure Uroma.*"

Der Tod der geliebten Uroma war ein trauriges Ereignis und ein Anlass für Mirco und seine Geschwister, sich die „großen Fragen" zu stellen. Sich Gedanken darüber zu machen, was das bedeutet: tot zu sein. Und was denn eigentlich nach dem Tod mit einem Menschen geschieht. Da helfen die Antworten des christlichen Glaubens ja sehr weiter. Reinhard und mir war es wichtig, auch Mirco vermitteln zu können: *Oma verschwindet jetzt nicht einfach irgendwohin, sondern sie geht nach Hause, in den Himmel, und wir werden uns dort eines Tages wiedersehen.*

Als sie gestorben war, fragte Mirco mich aufgrund ihres Briefes: „Mama, ist es wichtig, sein Leben Gott anzuvertrauen?" Ich antwortete ihm: „Ja, Mirco, das ist wichtig, wenn du einmal bei Jesus im Himmel sein möchtest." Er sagte nur: „Das möchte ich." Er war immer knapp in seinen Aussagen. Ich glaube aber, dass Gott sein Herz gesehen hat und genau wusste, wie er es gemeint hat.

Als seine Uroma gestorben war, sind wir ins Beerdigungsinstitut gefahren und haben in einem speziell hergerichteten Raum von ihr Abschied genommen. Die Zimmer in diesem Institut waren alle sehr liebevoll und persönlich zurechtgemacht, jedes in einem eigenen Stil. Mirco hatte sich, neugierig, wie er war, die Aufbahrungsräume alle der Reihe nach angeschaut und schließlich spontan gesagt: „Mama, wenn ich mal sterbe, möchte ich das mediterrane Zimmer."

Ich fand eigentlich, dass ein Neunjähriger sich nicht allzu viele Gedanken über sein eigenes Begräbnis machen sollte. Das kam mir unpassend vor. Deshalb habe ich nur zu ihm gesagt, dass er sicherlich noch viele Jahre zu leben hat und sich jetzt noch keine Gedanken um seinen Abschiedsraum zu machen braucht. Damals konnten wir nicht ahnen, wie bald wir diesen Wunsch unseres Sohnes würden umsetzen müssen.

Eine weitere Beobachtung, die sicher längst vergessen wäre, wenn Mirco nicht dieses Schicksal ereilt hätte: Als ich Mirco kurz vor seinem Verschwinden am ersten Schultag nach den Sommerferien fragte, wie er denn in diesem Jahr seinen Geburtstag verbringen wollte, antwortete er mir etwas rätselhaft: „Im Geheimen!" Ich musste erst mal nachfragen, was er sich darunter vorstellte. Darauf bekam ich zu hören: „Ach, nur so mit ein paar Freunden im Eisstadion."

Tatsächlich mussten wir dann einen super „geheimen" Geburtstag begehen – weil keiner zu dem Zeitpunkt wusste, wo Mirco sich befand und ob er überhaupt noch lebte!

Der Unterschied zwischen Schule und Leben

Mirco war einer, der zupackte, ein Macher eher als ein Grübler. Schon früh zeigte sich, dass ihm die Hausaufgaben und das Lernen nicht immer leicht fielen. Es dauerte allerdings eine gewisse Zeit, bis wir auf den tieferen Grund dafür kamen. Bis dahin gab es viele Ermahnungen und auch so manche Konflikte zwischen ihm und uns als Eltern. Dabei hatten wir geglaubt, einen geschickten

Schachzug zu machen, als wir ihn in ein übergreifendes Eins-Zwei-Klassensystem steckten. Das bedeutete, dass er mit seiner ein Jahr älteren Schwester in einer Klasse sein würde.

Mirco war bei seiner Einschulung noch 5 Jahre alt und wurde ein paar Wochen später 6. Unsere Überlegung war einfach die: Wir hofften, dass er sich mit Julia, mit der er sich gut verstand, in einer altersgemischten Klasse austauschen könnte und Julia ihm so ein bisschen als beschützende, große Schwester zur Seite stehen würde. Doch der Plan ging nicht auf. Mirco kam nicht wirklich in dieser Klasse an. Unsere gut gemeinte Entscheidung führte letztlich dazu, dass er in den ersten Schuljahren immer als „der Kleine, der ja noch Zeit hat" abgestempelt wurde, was seinem schulischen Selbstvertrauen nicht unbedingt gut tat. Zudem hatte er immer den Eindruck, er könne sich unbegrenzt Zeit lassen, wenn aktuell etwas vom Stoff nicht so richtig klappte.

Was wir auch nicht bedacht hatten: Mirco hat sich immer an Julia und ihren sehr guten Leistungen gemessen und wollte natürlich dann auch schon alles können, was sie im 2. Schuljahr konnte. Die Quittung ließ natürlich nicht lange auf sich warten. Mirco zeigte in der Schule bald die klassischen Reaktionen: Im Unterricht hat er oft quergeschossen und sich dann, wenn er von der Lehrerin gemaßregelt wurde, ungerecht behandelt gefühlt. Die Situation spitzte sich zu; wir führten häufig Elterngespräche.

Dann kam eine Zeit, in der es hieß, Mirco hätte ein Aufmerksamkeitsdefizitsyndrom, das so genannte ADS, und sollte doch am besten Tabletten nehmen, um ruhiger zu werden. Reinhard und mir gefiel diese Modediagnose gar nicht. Wir kannten unseren Mirco anders. Ein Aufmerksamkeitsdefizit hatte er ganz sicher nicht, wenn er bei seinen Aufgaben nur auf die richtige Art angesprochen wurde.

Wir wollten wissen, wie es ihm dabei ging, was ihn wirklich beschäftigte. Viel zu häufig geben sich Eltern unserer Erfahrung nach mit einer ersten oberflächlichen Analyse oder Meinung zufrieden. Das wollten wir nicht. Wir wollten der Sache auf den Grund gehen. Bücher wurden studiert und die Kinderärztin kontaktiert, welche uns dann eine Überweisung zum Psychologen der Rheinischen Landeskliniken in Süchteln ausstellte, bei dem wir ihn vorsichtshalber testen ließen. Zudem beantworteten wir eine Menge Fragen und beobachteten auf Anraten der Experten sein Verhalten genauer. Abgerundet wurde die ganze Aktion durch einen schulpsychologischen Check.

Das Ergebnis beruhigte uns einerseits und zeigte uns andererseits, was die Ursache seiner Probleme war: Mirco war ein gesunder, normaler Junge, der jedoch unter einer Lese-Rechtschreib-Schwäche litt – was er dann auch durch sein Verhalten provozierend nach außen trug. Diese Erkenntnis hat uns als Eltern die Augen über seine Schwierigkeiten der ersten Schulzeit geöffnet. Wir konnten endlich verstehen, weshalb Mirco das Lernen nicht so leicht von der Hand ging und warum wir wegen der Hausaufgaben und anderen Dingen öfter aneinandergeraten waren. Danach haben wir den Schulstress mit anderen Augen betrachtet und darauf geachtet, dass Mircos Fähigkeiten in anderen Bereichen mehr zum Zuge kommen konnten und dass wir das Drumherum des Lernens optimierten.

So musste sich unser Sohn immer erst einmal richtig auspowern, bevor er sich an die Hausaufgaben setzte. Meist brauste Mirco dann mit seinem geliebten Fahrrad Richtung Hinsbecker Berge und kam nach einer Dreiviertelstunde mit richtig guter Laune wieder nach Hause. Draußen zu sein auch bei Wind und Wetter, war für Mirco ein echtes Lebenselixier. Er brauchte Bewegung, Freiheit, Sport. Danach konnte er sich dann hinsetzen und lernen. Doch auch, wenn Mirco am Esstisch Hausaufgaben machte, stand sein Stuhl nie still. Ich musste mich immer zusammenreißen, ihn nicht zu ermahnen – wusste ich doch, dass es ihm leichter fiel, mit Bewegung zu lernen statt dabei stillzusitzen.

Wer bei uns unter den Esstisch schaut, sieht heute noch, wie Mirco sich während seiner Hausaufgaben unter unserem Familientisch verewigt hat – mit lustigen Sprüchen in Buntstift.

Doch jetzt ist unser Haus so still. Plötzlich ist kein Wirbelwind mehr zu hören, der durch das Haus fegt, sich lautstark mit seinen Geschwistern unterhält, lachend mit dem Hund tobt, unsere Hundedame „Summer" gekonnt in die Luft schmeißt und wieder sicher auffängt, die Zimmertüren aufreißt und wieder hinter sich zuknallen lässt. Mirco ist verschwunden.

Verzweiflung wächst in unseren Herzen: Wo ist unser Sohn?

Kapitel 4

Zwischen Hoffen und Bangen: Die ersten Tage nach Mircos Verschwinden

Reinhard: Es ist Samstag, der 4. September 2010. Seit gestern Abend ist Mirco verschwunden. Wir alle sind in Aufruhr. Wie in Trance erledigen wir den ganzen Tag über die Meldungen, Formalien, Verhöre bei der Polizei. Was wir auch tun, wen wir auch anrufen, wo wir auch suchen: Mirco bleibt verschwunden. Kein Zeichen von ihm, nichts.

Noch an diesem Samstagabend, so schlagen die Polizisten vor, soll das Fernsehen mit in die Suche einbezogen werden. Natürlich stimmen wir zu. Der Aufruf, nach Mirco zu suchen, wird im Westdeutschen Fernsehen ausgestrahlt. Er macht uns schlagartig klar, dass es ernst, sehr ernst um unseren verschwundenen Jungen stehen muss. Die Ausstrahlung seines Bildes und seiner Beschreibung, die Suchmeldung im Fernsehen, in dem wir sonst nur die große Politik und die weite Welt sehen, katapultiert unsere persönliche Verzweiflung über sein Verschwinden in eine unübersehbare Öffentlichkeit. Der Aufruf macht unsere Familie unwiderruflich zum Gegenstand des öffentlichen Interesses.

Eine makabre Sache fällt uns ein: Wie oft hatten Freunde und Onkel oder Tanten, wenn Sie Mirco spielerisch und charmant im Gespräch und bei seinen Faxen erlebten, dahingesagt: „Der Junge gehört einfach ins Fernsehen! So witzig, wie der ist! Pass auf, Mirco, du landest später mal vor der Kamera!“ Und nun war

Mirco wirklich im Fernsehen gelandet. Am Samstagabend. Zur besten Sendezeit. Aber ganz anders, als wir uns das früher einmal ausgemalt hatten.

Sandra: Als ich von einer letzten Zeugenaussage im Präsidium nach Hause komme, läuft gerade im WDR der Aufruf. Ich habe ihn noch nicht gesehen, es ist ein Schock. Mir schießen die Tränen in die Augen. Reinhard nimmt mich in den Arm und wir halten uns aneinander fest. Jetzt nur stark bleiben! Denn vor uns sitzen unsere drei anderen Kinder, mitgenommen, voller Fragen, voller Angst und Ratlosigkeit. *Lieber Gott, steh unserem Mirco bei! Und lass uns stark bleiben und den anderen Kindern Halt geben!*

Das Unbegreifliche holt uns ein

Reinhard: Da stehen wir nun vor einem unbekannten Geschehen. Das Schlimme ist ja: Wir wissen nichts. Gar nichts! Das große Unbekannte, was steckt dahinter? Ein Verbrechen? Eine Krankheit? Eine Kurzschlussreaktion? Ein Unfall? Oder was sonst?

Sonst ist so etwas immer weit weg. Sonst geschieht so etwas nur anderswo. Anderen Menschen. Dann hört man im Radio davon, liest es in der Zeitung oder sieht ein paar Bilder im Fernsehen. Und plötzlich kommt das alles mitten hinein in dein Zuhause. Es nimmt dir von einer Sekunde auf die nächste dein Liebstes weg. Und du weißt noch nicht einmal, was wirklich geschehen ist. Das einzige Gefühl, das sich in mir aufbäumt, sagt mir: *Nein, das willst du nicht zulassen! Das kannst du nicht zulassen.*

Wenn wir nur etwas tun könnten!

Doch wir haben keinen Ansatz. Es gibt keine Lösegeldforderungen. Niemanden, der sich meldet, niemanden, der etwas von uns will. Mir kommt nichts in den Sinn, was dahinter stecken könnte. Natürlich hat uns die Polizei vorsorglich vorbereitet: Im Fall von Mirco kann ein Gewaltverbrechen nicht ausgeschlossen werden, auch kein Sexualverbrechen.

Für uns ist es auf den ersten Blick allerdings eher so, dass uns ein Mädchen für ein solches Delikt gefährdeter erscheint. Doch die Tatsachen, die in den nächsten Stunden und Tagen Stück für Stück bekannt werden, zeichnen ein anderes Bild. Wir stehen hilflos vor diesen Tatsachen, sind wie erstarrt. Nicht nur, dass man den Gedanken an so etwas erst mal nicht zulässt, sondern man hält es schlicht für unmöglich. Und trotzdem ist es da. Wir sind hin und her gerissen zwischen den Fragen: Kann das wahr sein oder klärt sich alles auf? Müssen wir unsere Befürchtungen zulassen, sollen wir sie nicht zulassen?

Man ist nicht im Krieg, man war nicht an einem schweren Verkehrsunfall beteiligt, man hat keine Verletzungen, man kann nur versuchen, einem geliebten Menschen nachzufühlen, der plötzlich räumlich nicht mehr da ist. Der eine geht so damit um, der andere ganz anders. Einige verfallen vielleicht ins Grübeln, andere toben und schreien, wieder andere brechen in Tränen aus. Denn auf eine solche Situation kann man sich nicht vorbereiten. Dafür gibt es im normalen Leben kein Verfahren.

Das alles schüttelt mich im tiefsten Inneren. Doch für Sandra und mich darf das normale Leben an dieser Stelle nicht zu Ende sein, denn wir sind Eltern von drei weiteren Kindern. Und diese Kinder brauchen uns in diesen Tagen mehr als jemals zuvor. Wir müssen funktionieren.

Natürlich heule ich. Aber ich versuche das möglichst erst mal vor den Kindern zu verbergen. Was uns in diesen Stunden der tiefsten Erschütterung hilft, ist das Gebet. Es ist der einzige Trost, der uns in diesen Augenblicken bleibt: „*Oh Gott, wir bitten dich, uns zu helfen in dieser Not, egal, was passiert ist. Wir vertrauen darauf, dass du Mirco und uns allen beistehen wirst …*“ Das Gebet gibt Sandra und mir das Gefühl, dass wir nicht allein vor diesem Wahnsinn stehen. Dass wir nicht allein mit unserer Hilflosigkeit und Angst klarkommen müssen. Es schenkt uns einen Hoffnungsschimmer: *Gott ist da – auch wenn wir nicht wissen, was er weiß. Er weiß, wie wir uns fühlen.*

Die Gedanken um Mirco, die sich wie rasend im Kreis drehen, hüllen uns ab dem Samstagabend wie in Watte ein, wie in dichten Nebel, aus dem es kein Entrinnen gibt. Eigenartig: Wir wissen, dass etwas Furchtbares passiert sein muss. Aber wir können es zu diesem Zeitpunkt nicht in unsere Herzen dringen lassen.

Sandra und ich werden mit jeder Frage der Polizeibeamten neu mit dem Unfassbaren konfrontiert. Wir können gar nichts dagegen tun. Ich wehre mich lange dagegen, mir eine konkrete Tat auch nur vorzustellen. Ich blockiere diese Gedanken sofort, denke mir: *Wer sollte denn so etwas machen? Warum sollte jemand sich an unserem Mirco in welcher Weise auch immer vergreifen?* Ich kann keinen Sinn darin sehen. Es erscheint mir von Anfang an als eine sinnlose, eine völlig unverständliche Tat. Und darum umso grausamer, umso unfassbarer. Mir erschließt sich einfach nicht, warum irgendjemand so etwas tun könnte.

Die Kinder brauchen uns

Für den Samstag sind nun die ersten Vernehmungen, das Heraussuchen von bei der Fahndung hilfreichen Kleidungs- und Ausrüstungsstücken vorbei. Sandra und ich würden nun sicher in ein tiefes Loch fallen, wenn wir uns nicht um unsere drei anderen Kinder kümmern müssten. Für Mirco haben wir jetzt in einem ersten Schritt alles getan, was uns möglich war. Gott sei Dank war den Tag über Opa Heinz für unsere Familie da. Nun können wir uns endlich mit Alex, Julia und Judith befassen.

Die Kinder nehmen das Geschehen noch recht ruhig auf. Uns wird klar: Sie haben es auch noch nicht wirklich erfasst, wollen es auch nicht wahrhaben. Wir bemerken, dass die Kinder uns ganz genau beobachten. In ihren Augen steht die Frage: *Wie gehen Mama und Papa damit um, dass Mirco verschwunden ist?*

Sandra und mir ist klar, dass wir uns nicht gehen lassen dürfen. Wir bemühen uns, einigermaßen gefasst zu bleiben, uns nicht zu sehr anmerken zu lassen, wie tief uns die Sorge um Mirco wirklich umtreibt. Denn dann würden wir zusammenbrechen und damit die Kinder noch mehr verunsichern. Andererseits aber einfach heile Welt zu spielen, das geht natürlich auch nicht. Wir versuchen in diesen ersten Stunden und Tagen nach Mircos Verschwinden, irgendwie eine Art Gefühls-Balance mit unseren Kindern zu finden. Die Fragen der Kinder anzuhören, zu versuchen, sie zu beantworten, soweit uns das möglich ist. Und vor allem: zusammen zu sein, sich nicht zurückzuziehen, füreinander da zu sein.

Und Fragen kommen – viele. Alex, Julia und Judith teilen uns schon am Samstagabend ihre Sorgen und Befürchtungen mit, auch welche, die über die Ängste um Mirco hinausgehen: *Papa, sind wir noch sicher? Können wir denn noch aus dem Haus gehen?*

Zusammen stark

Sandra: Wir merken deutlich, wie sehr unsere Kinder unsere Nähe brauchen. Wir alle rücken auch räumlich eng zusammen. Alex, Julia und Judith ist natürlich klar, warum sich gerade alles um Mirco dreht. Aber sie haben zu Recht auch das Gefühl: Wir sind doch auch noch da! Und wir lassen sie spüren, dass sie wahrgenommen und ernst genommen werden.

Der Zusammenhalt ist für den Augenblick das Wichtigste. Jeder schaut in diesen ersten Tagen geradezu ängstlich auf den anderen. Die Kinder sprechen zwar nicht viel darüber, aber sie suchen unsere Nähe und auch die der Geschwister, alle bleiben dicht beieinander. Auch später haben sie noch eine ganze Weile lang alles gemeinsam gemacht. Lange Zeit ging keiner von ihnen allein aus dem Haus. Die Katastrophe hat uns als Familie extrem zusammengeschweißt.

Das Rückgrat der ersten Tage sind unsere Verwandten, unsere Nachbarn und Freunde aus unserer Gemeinde. Das sind die Menschen, bei denen man echten Halt findet. Und sie packen, was in solchen Fällen oft unterschätzt wird, auch praktisch an. Weil sie direkt vor Ort sind, können sie für uns Verschiedenes regeln. Meine Mutter kocht für uns alle, meine Schwester geht für uns einkaufen, mein Vater ist ständig vor Ort und bereit, uns zuzuhören und zu unterstützen.

Unsere Familie und enge Freunde kommen jeden Abend zu uns, um mit uns gemeinsam für Mirco zu beten. Sie geben uns Halt. Ich hätte mir niemals vorstellen können, vorübergehend anderswo hinzuziehen, wie die Polizei vorschlägt, um uns zu schützen.

Erste Hilfe der Polizei: Wie der Opferschutz uns beisteht

Sandra: Mit dem Leiter der „Sonderkommission Mirco“, Ingo Thiel, kommen wir erst nach 14 Tagen in näheren Kontakt. Das war durchaus so beabsichtigt, wie wir später erfuhren. Denn die Polizei wollte uns ermöglichen, ein enges Vertrauensverhältnis zu den Beamten des Opferschutzes aufzubauen. Deshalb trennte man anfangs diesen Kontakt von der kriminalistischen Ermittlungsarbeit.

Die Beamten vom Opferschutz werden uns zu wichtigen Beratern und Helfern: Sie sind gestandene Polizisten, die in ihrem

Berufsleben eine Menge Erfahrungen mit ungewöhnlichen Lebenssituationen gesammelt haben, was in ihrem feinfühligen Umgang mit uns spürbar wird. Die Polizei braucht ja weiterhin Informationen von uns, und die Einzelheiten, die wir klären müssen, belasten uns nicht, sondern geben uns das Gefühl, etwas tun zu können.

In den Wochen, in denen die Opferschutzbeamten uns begleiten, helfen sie uns, auch die täglich von außen auf uns einprasselnden Informationen zu verarbeiten. Wir sind uns in dieser Zeit sehr nahegekommen. Wie bei uns gilt all ihre Aufmerksamkeit diesem Fall.

Uns helfen die Informationen und Gespräche mit diesen Menschen sehr. Wir vertrauen ihnen, erzählen gern von unserer Familie, unserer Gemeinde und dem Glauben. All dies hilft wiederum den ermittelnden Beamten dabei, das so wichtige Mosaik über den Charakter von Mirco, sein Leben in unserer Familie und sein Verhalten zu vervollständigen. Wir haben keine Scheu, auch die persönlichen Fragen der Beamten zu beantworten. Denn wir wissen: Jedes Puzzlestückchen mehr kann vielleicht dazu beitragen, unseren Mirco wieder zu uns zurückzubringen

Vertrauen wächst

Sandra: Wir sprechen mit den Beamten vom Opferschutz buchstäblich über Gott und die Welt: über Schule, Kindererziehung, Eheleben, Beruf, Freizeit, Reisen, Freunde und Verwandte, lustige und traurige Erlebnisse mit Mirco und unseren anderen Kindern. Reinhard und ich finden es wohltuend, dass die Gespräche nicht an der Oberfläche dümpeln, sondern auch existenzielle Fragen berühren. Natürlich kommen wir auch auf die Rolle des Glaubens für Mirco und unsere Familie zu sprechen.

Die Mitarbeiter des Opferschutzes wiederum helfen uns durch ihre Offenheit und die vielen Erfahrungen und Informationen, die sie uns mitteilen. Sie setzen natürlich auch mit jeder neuen Information, die sie an uns weitergeben, ein Fünkchen Hoffnung frei. In dieser Situation klammern wir uns an jeden Strohhalm.

Wir tauschen alle Telefonnummern miteinander aus, um rasch erreichbar zu sein, wenn etwas Ungewöhnliches passieren sollte. Vielleicht war es besonders gut, dass der Opferschutz keine Psychologen geschickt hat, sondern „handfeste" Polizisten. Sie sind das Bindeglied zwischen dem Einsatzkommando und uns. Stets erhalten wir auf jede Frage, auf jede Beobachtung sofort eine Antwort. Dieses gegenseitige Vertrauen ist uns eine große Hilfe in dieser schweren Zeit.

Am Sonntagabend, dem 5. September 2010, müssen Reinhard und ich uns der Realität stellen, dass gewisse Hoffnungen nicht mehr aufrechterhalten werden können. Hoffnungen wie die, dass Mirco, aus welchen Gründen auch immer, doch nur weggelaufen sein könnte. Dass er sich aus Übermut irgendwo versteckt halten könnte. Dass er vielleicht verletzt in irgendeinem Krankenhaus liegt, ohne dass man ihn bisher identifiziert hat. An all das denken wir jetzt nicht mehr, denn diese Möglichkeiten sind durch die Polizeiermittlungen der ersten beiden Tage ausgeschlossen worden.

Wir haben dennoch eine Hoffnung: Dass er vielleicht irgendwo festgehalten wird, wo die Polizei ihn finden und wieder befreien kann – dass er nicht umgebracht worden ist. Auch diese Hoffnung schwindet in den Tagen und Wochen darauf mit jeder neuen Erkenntnis, mit jedem neuen Fund, mit jeder neuen Zeugenaussage.

Doch es stimmt wirklich: Die Hoffnung stirbt zuletzt.

Erst einmal gilt es, zusammen mit den Beamten vom Opferschutz alles zu tun, damit die Suchaktion nach Mirco zum Erfolg führt.

Kurz nachdem Mircos Verschwinden im Umkreis bekannt wird, meldet sich ein Grefrather sehr verschämt bei der Polizei: Er hatte am Samstagmorgen Mircos grünes „Dirtbike“ am Straßenrand aufgelesen, für schick befunden und kurzerhand mit nach Hause genommen. Zu allem Überfluss hat der Finder Mircos Rad sogar noch gründlich mit einem Hochdruckreiniger gesäubert und damit wichtige Spuren vernichtet. Es beim Fundbüro abzuliefern ist ihm offensichtlich nicht in den Sinn gekommen.

Genauso wenig übrigens wie der Finderin von Mircos Jogginghose, die das Kleidungsstück neben einem Abfalleimer auf einem Parkplatz an der Landstraße entdeckt, ebenfalls für brauchbar befindet und das elementare Beweisstück drei Tage lang in ihrem Auto durch die Gegend fährt, bevor sie es schließlich erst am Dienstag, dem 7. September, der Polizei übergibt.

Diese misslichen Umstände erschweren die Fahndung nach unserem Jungen stark. Einem Polizisten der Soko Mirco platzt später in unserem Beisein der Kragen: „Klauen die denn in Grefrath eigentlich alles, was nicht niet- und nagelfest ist?“, ereifert sich der Beamte. „Die haben ja wirklich alle unsere Spuren mitgehen lassen!“

„Wie können wir helfen?“

In den ersten Tagen, als Mircos Fahrrad und Teile der Kleidung gefunden werden, müssen wir alles identifizieren. Und wir sollen „Vergleichskleidung“ für die weitere Fahndung bestimmen. Dazu wird eine Schaufensterpuppe mit Kleidungsstücken ausgestattet, die Mirco am Tag seines Verschwindens angehabt hat. Nach den Kleidungsstücken suchen wir gemeinsam, denn sie sollen möglichst genauso aussehen wie die, die Mirco wirklich trug. Die

Beamten fragen detailliert nach: „Wie sieht die Hose aus, die Mirco getragen hat – graublau, grau oder blau?"

Mircos Schuhe können wir genau beschreiben; die Polizisten treiben exakt dieselben in einem Schuhladen auf. Das gleiche T-Shirt wie Mircos, so weiß ich, hatte eine Arbeitskollegin auch für ihr Kind angeschafft – sie gibt es bereitwillig her.

Das Suchen und Organisieren und die Beantwortung der vielen Detailfragen, all das hält uns in den ersten Tagen in Atem. Und das ist gut. Denn so haben Reinhard und ich wenigstens das Gefühl, etwas Hilfreiches für unseren Sohn tun zu können.

Während draußen in Wald und Feld, in Flüssen und Teichen die größte Suchaktion in der Geschichte der Bundesrepublik anläuft, liefern wir der Polizei Speichelproben von Mircos Zahnbürste, mit deren Hilfe dann letztlich die wiedergefundenen Kleidungsstücke identifiziert werden können. Die Jogginghose hatte ich, wie alle Sportsachen der Kinder, zum besseren Wiederfinden nach Fußballturnieren mit unserem Namen auf dem Waschzettel gekennzeichnet. Auch das ist jetzt von neuem Nutzen.

Reinhard: Die Polizei beginnt rasch mit der Befragung der Menschen im Umkreis, die Mirco vielleicht gesehen haben könnten. Verschiedene Fährten tauchen auf: Mirco sei noch beim Fahrradhändler gesehen worden, heißt es. Das ist durchaus vorstellbar, war doch unser Junge mit seinen zehn Jahren längst so selbstständig, dass er einfach allein dorthin fuhr, wenn mal eine Schraube nachgezogen oder die Bremse verstellt werden musste. Übrigens hatte sich Mirco auch sein Fahrrad allein ausgesucht, nachdem er sich beim Händler gründlich informiert hatte. Doch am Freitag ist Mirco dann doch nicht mehr dort gewesen. Erst recht nicht, nachdem er zum letzten Mal an der Bushaltestelle in Oedt gesehen worden ist. Das Geschäft hatte zu dem Zeitpunkt längst geschlossen.

Parallel sucht die Polizei die Bauernhöfe ab, auf denen Mirco so gerne half. Auch hier ergibt sich keine Spur. Die Beamten vom Opferschutz versuchen, gemeinsam mit uns Hinweise zu verfolgen, auf die die Soko vielleicht noch nicht aufmerksam genug geschaut hat. Deshalb führen wir zusammen mit dem Opferschutz immer wieder Gespräche über Mircos Wesen und seine Vorlieben. Wir machen die Beamten darauf aufmerksam, dass Mirco sehr gut klettern kann. Es scheint uns wichtig, darauf hinzuweisen, dass er bei Gefahr vielleicht Sicherheit irgendwo oben gesucht haben könnte. Unser Vorschlag lautet deshalb: „Schauen Sie auch ab und zu nach oben, wenn Sie nach Mirco suchen!"

Ein anderes Beispiel ist die Frage, ob es irgendwelche Spitznamen für ihn gab, auf die er hörte. Wir erzählten dem Opferschutz, dass er von klein auf auch auf „Django" reagiert hat. Den Spitznamen hat ihm Sandras Schwester Kathrin mal verpasst, weil Mirco immer so … na ja, eben „djangomäßige" Späßchen machte. Der Name gefiel Mirco jedenfalls!

Das ganze Leben wird durchleuchtet

Natürlich befragen uns die Polizisten auch nach unserem Berufsleben. Was Sandra und ich machen, womit wir zu tun haben, wie unsere Kollegen und Arbeitsbedingungen sind.

Normalerweise.

Doch jetzt gibt es kein „normalerweise" mehr. Routinemäßig fährt die Polizei zu meiner und Sandras Arbeitsstelle, führt dort Gespräche mit den Kollegen über uns. Die Unterstützung, die wir von unseren Arbeitgebern erfahren, ist riesengroß.

Am Sonntag telefoniere ich mit einem Kollegen im Betrieb: „Ich weiß nicht, ob du gerade den Fernseher anhast, unsere Familie ist nämlich gerade drin." Dann erkläre ich ihm, dass ich wohl am nächsten Tag nicht zur Arbeit kommen werde. Geplant habe ich diese Auszeit erst mal nur für ein, zwei Tage. Denn ich halte viel davon, meine Arbeit gewissenhaft zu tun. Doch dann meldet sich der Meister unserer Arbeitsgruppe bei mir und sagt: „Nimm so lange frei, wie du meinst, dass du es brauchst!"

Ein paar Tage später ruft schließlich auch der Arbeitsdirektor unseres Unternehmens an, spricht der ganzen Familie Mut zu und sagt: „Herr Schlitter, machen Sie sich keine Gedanken, ich werde dafür sorgen, dass Ihnen kein Nachteil daraus entsteht, wenn Sie nicht zur Arbeit kommen. Bleiben Sie bei Ihrer Familie. Da werden Sie jetzt nötiger gebraucht!"

Ich kann in diesem Augenblick überhaupt nicht abschätzen, wie lange dieser Ausnahmezustand andauern wird. Aber eines ist mir klar: *Ich muss da sein, falls irgendeine Nachricht von Mirco eintrifft, anders kann ich es überhaupt nicht aushalten.*

Ich bin dann letztlich die ersten zwei Monate nicht arbeiten gegangen, ganz einfach deshalb, weil ich nichts verpassen wollte. Ich wollte da sein. Für mich wäre es ein Unding gewesen, mir vorzustellen, dass ich bei der Arbeit bin, wenn etwas Wichtiges bekannt wird. Ich hätte dann das Gefühl gehabt, ich lasse mein Kind im Stich. Und ich konnte und wollte auch den Polizisten gegenüber nicht den Eindruck vermitteln: „Ich mache hier mein Ding normal weiter und ihr findet meinen Jungen!"

Undenkbar! Ich hätte diese Zeit niemals weit entfernt von meiner Familie ausgehalten.

Meine Kollegen wussten natürlich auch gar nicht, wie sie mit mir umgehen sollten und ob ich überhaupt in der Lage war, meinen Job zu machen. Die fragten sich: „Wenn es dem Reinhard dreckig geht, kann der diese verantwortungsvolle Wartungsarbeit überhaupt vernünftig ausführen? Kann man eine Person in solch einem Zustand überhaupt arbeiten lassen?" Keiner wollte da Schuld auf sich laden, und auch ich weiß im Nachhinein nicht, ob ich den Job überhaupt hätte bewältigen können. Aber die Frage musste ich mir glücklicherweise gar nicht stellen. Alle Kollegen und mein Arbeitgeber standen voll hinter mir und hielten mir den Rücken frei.

Noch heute bin ich meiner Firma und meinen Kollegen unendlich dankbar für diese große Hilfe. Während der ganzen Zeit der Unsicherheit in den ersten 60 Tagen von Mircos Verschwinden blieb die enge Verbindung mit meinen Arbeitskollegen für mich ganz wichtig. Mein bester Freund auf der Arbeit wusste immer, wie es mir geht. Wir haben uns gegenseitig auf dem Laufenden gehalten und auch er hat mir immer Hilfe und Unterstützung zugesagt. Meine Kollegen haben versucht, den normalen Umgang mit mir beizubehalten; viele haben persönlich nachgefragt, wie es mir geht, und ihre Gedanken mit mir geteilt, das war sehr anrührend und hilfreich.

Als ich schließlich zwei Monate nach Mircos Verschwinden wieder an meinen Arbeitsplatz zurückkehrte, waren die Arbeitskollegen schon ein bisschen auf mich vorbereitet. Dadurch ist die Rückkehr recht gut gelaufen. Es gab natürlich Menschen, die mich gefragt haben, wieso ich wieder arbeite. Aber im Großen und Ganzen habe ich viel Achtung und guten Umgang erleben dürfen.

Die Suche geht weiter

Sandra: Am Montag, dem 6. September, geht mir ein Lied nicht mehr aus dem Kopf: „Sicher in Jesu Armen, frei von der Sorge Last …“ Es ist ein altes Kirchenlied, das aus einer ähnlichen Situation voller Angst und Sorge heraus entstanden ist. Vielleicht kommt es mir gerade jetzt in den Sinn, weil es mir die Gewissheit gibt: *Trotz allem, was ist und vielleicht noch kommen wird, bist du geborgen.* Der Text der zweiten Strophe lautete: „Sicher in Jesu Armen / los von der Sorge Qual / sicher in der Versuchung / durch Jesu Wundenmal / frei von dem Druck des Kummers / frei von des Zweifels Pfad /nur noch ein wenig Prüfung / nur etwas Tränensaat ..."

Dieses Lied von Fanny J. Crosby (1820–1915) kenne ich seit meiner Kindheit, und ich erlebe es oft, dass mir plötzlich solche Texte einfach in den Sinn kommen und mir ein Stück inneren Frieden geben, denn auch wenn die Worte altertümlich klingen – sie haben eine tiefe Kraft. Ich klammere mich daran: *Was auch immer geschehen ist und noch geschehen wird, Mirco und wir, wir können nicht tiefer fallen als in Gottes Hand.*

Die verschiedenen Möglichkeiten der Suche beginnen ... und das Warten. Frau M. vom Opferschutz nimmt von allen aus der Familie Speichelproben, um Spuren am Fahrrad zu erkennen und ausschließen zu können. Auch lernen wir an diesem Tag den Opferschutzbeauftragten aus Viersen kennen.

Zur Arbeit zu gehen ist mir unmöglich, ich bin freigestellt. Eigentlich hätten wir heute einen Augenarzttermin, aber wir sind nicht in der Lage, ihn wahrzunehmen. Die Kinder bleiben zu Hause – und würden doch am liebsten in die Schule gehen, um wenigstens einen Rest von Normalität leben zu können. Das ist aber allein schon aus dem Grund nicht möglich, da Reporter überall herumwimmeln und Schüler und Eltern auch direkt an den Schulen abfangen, um sie zu interviewen und irgendein Detail zu erhaschen, das vielleicht noch kein anderer weiß. Das ist uns einfach zu riskant, wir wollen der Presse ja nicht direkt in die Arme laufen.

Noch gibt es außer dem Fahrrad keine weiteren Spuren. Unsere Nerven liegen blank, aber wir erhoffen Mirco unter Gottes Schutz. Mittlerweile merken wir immer mehr, warum Angehörige in solchen Fällen den Opferschutz wirklich gut gebrauchen können. Es sind viele unterschiedliche Dinge, bei denen uns die Beamten zur Seite stehen.

Am Nachmittag steht plötzlich ein Kameramann auf der Straße vor unserem Haus und versucht, in unser Wohnzimmerfenster hinein zu filmen. Ein Nachbar ruft an und macht uns darauf aufmerksam. Die Beamten raten uns daraufhin, die Rollos im Erdgeschoß zur Straße hin herunterzufahren, bis sich die Lage wieder etwas beruhigt hat. Das bleibt über Wochen so. Auch Post, die uns nicht so angenehm ist, nehmen die Beamten mit und kümmern sich darum. Über unangenehme Telefonanrufe werden sie auch informiert.

Die Beamten nehmen uns also eine Menge ab – leise, unaufgeregt und wirkungsvoll. Nicht nur zu Hause, sondern auch in den Schulen der Kinder. Sie fahren an alle Schulen und erklären den Lehrern, Eltern und Schülern, wie sie sich jetzt am besten verhalten sollten. Sie bieten auch unseren Kindern an, sie zur Schule zu bringen und wieder abzuholen, als sie wieder hingehen können. Doch das wollen Alex, Julia und Judith nicht, um nicht noch mehr Aufmerksamkeit auf sich zu ziehen.

Hilfe von allen Seiten

In den Tagen danach lernen wir Stück für Stück immer mehr Mitglieder der Einsatzleitung kennen. Wir binden diese Polizisten eng in unsere Überlegungen und Informationen ein und der Opferschutz unterstützt uns darin. Wir haben inzwischen wohl alles preisgegeben, was uns nur in den Sinn kommen wollte und irgendwie dazu dienen kann, dass dieses schreckliche Geheimnis aufgelöst wird. Hinter allem, was die Polizei tut und sagt, empfinden Sandra und ich von Anfang an eine spürbare Versicherung:

Wir tun alles Menschenmögliche, um Mirco zu finden, und ihr werdet jederzeit über alles informiert!

Es hilft uns wirklich sehr, dass wir immer offen und ohne Zeitverzug über alles in Kenntnis gesetzt werden, was sich tut. So müssen wir nicht auch noch am Wahnsinn des Nichtwissens verzweifeln.

Keiner der Beamten hat uns je getadelt oder angeklagt mit einem Satz wie: „Warum habt ihr nicht besser auf den Jungen aufgepasst?" Von diesen Menschen kam im Gegenteil immer nur: „Es zählt nur eines, nämlich, dass wir Mirco finden! Und wenn ihr uns alle nur erreichbaren Informationen gebt, können wir diesem Ziel näherkommen."

Die Beamten haben uns immer das Gefühl gegeben, dass sie das schaffen werden. Auch in Details trafen wir immer wieder auf ein sehr rücksichtsvolles Vorgehen. Zum Beispiel, als die Spürhunde noch einmal losgeschickt werden sollten und eine Geruchsprobe von uns brauchten. Da hat man uns dezent zum Eisstadion gebracht, wo die Einsatzgruppe wartete. Dort haben die Hunde an uns geschnüffelt und danach hat man uns wieder zurückgefahren, ohne dass jemand von den Nachbarn das mitbekommen hat.

Das war gut so. Denn ganz Grefrath und Umgebung befand sich in wachsendem Aufruhr. Die umfangreichste Polizei-Suchaktion nach einem Vermissten in der Geschichte unseres Landes war in vollem Gange. Sie hatte nur ein Ziel:

Findet Mirco!

Kapitel 5

Die Medien und Mircos Verschwinden

Reinhard: Von Anfang an war für die Polizei klar: Ein Kind, das verschwunden ist, kriegt die volle Aufmerksamkeit der Presse. Natürlich war Sandra und mir das am Tag 1 des Verschwindens von Mirco überhaupt nicht bewusst. Unsere Gedanken und Ängste waren ganz woanders. Doch nachdem wir uns auf Anraten der Polizei entschieden hatten, keine Sekunde zu verlieren und schon gleich am Samstagabend offensiv mit der Suchmeldung und mit Mircos Bild ins Fernsehen zu gehen, mussten wir uns auf eine rasche Reaktion der Presse gefasst machen.

Natürlich würden wir diesen Schritt gemeinsam mit der Polizei gehen, denn wir wollten ja unser Kind so schnell wie möglich wiederfinden. Und dafür wollten wir alles tun. Wir dachten uns: Je mehr Menschen das Gesicht unseres Jungen wahrnehmen, umso mehr Augen schauen auch danach! Dass dieser erste Suchaufruf dann so weite Kreise zog, damit hatten wir allerdings nicht gerechnet. Denn durch diese Suche wurde Mirco ja plötzlich zu einer „relativen Person der Zeitgeschichte", wie die Journalisten sagen. Und auch wir als Eltern rückten plötzlich in der Beachtung der Medien ganz nach vorn, obwohl wir das überhaupt nicht wollten.

Sandra: Im Gegenteil, wir selbst wollten eigentlich überhaupt keine Pressekontakte. Denn wir hatten genug zu kämpfen mit dem Schock, dem Unsäglichen, der Angst, unseren Mirco nicht mehr wiederzubekommen, und dennoch für unsere drei anderen

Kinder da zu sein. Die Beamten vom Opferschutz standen uns mit Rat und Tat zur Seite: „Wenn euch jemand von der Presse bedrängt, dann ruft uns an." Doch das Angebot haben wir nur selten genutzt. Denn wir entwickelten, was uns im Nachhinein sehr hilfreich schien, zusammen mit der Polizei eine Strategie für den Umgang mit der Presse.

Für die Medien waren wir als Eltern ab dem offiziellen Suchaufruf ein bevorzugtes Ziel. Wer sonst hätte Zuschauern und Lesern, Hörern und Internet-Nutzern mehr über das Kind sagen können, dessen Gesicht da am Samstag über den Bildschirm geflimmert war und dessen Geschichte alle Zutaten bot, die ein Journalist für eine Story braucht? Ein süßer Junge, liebenswert und witzig, verschwindet einfach. Die Unsicherheit, die Eltern in Tränen aufgelöst, die Geschwister, die sich aneinander klammern … die Schlagzeile: „Grefrath – eine Stadt sucht einen Mörder!"

So hätte der Stoff aussehen können, aus dem Medienträume sind. Reinhard und ich wollten dieser Form von Berichterstattung von Anfang an den Nährboden entziehen. Wir fragten uns zusammen mit dem Opferschutz: „Was können wir dagegen tun?" Die Antwort: „Wir geben alles, was mit der Presse zu tun hat, ohne jede Ausnahme an die Polizeibeamten ab. Basta." Und das taten wir auch.

Wie nötig das in den ersten Tagen nach Mircos Verschwinden werden sollte, zeigten uns gleich mehrere Vorfälle. Wir gingen nur noch ungern aus dem Haus, weil wir befürchten mussten, dass hinter der nächsten Ecke irgendein neugieriger Reporter mit Kamera stand. Als ich am Montagmorgen mit dem Hund eine Runde drehte, habe ich schon von Weitem einen Kameramann vor unserem Haus gesehen. Ich bin dann bei einer Nachbarin stehengeblieben und habe sofort den Opferschutz angerufen. Als dieser dann kam, war der Kameramann verschwunden, aber für uns hieß es wieder: Jalousien runter!

Manchmal lungerten Unbekannte um das Haus herum, bei denen wir nicht genau einschätzen konnten, wer sie waren und was sie wollten. Wir konnten es uns aber denken. Alle möglichen Presseleute riefen bei uns an, doch wir ließen immer ausrichten, dass sie sich bitte an die Polizei wenden sollten, da wir zu keiner Aussage bereit waren. Danach fragten die allermeisten Presseleute dann wirklich nicht mehr nach. Das empfanden wir als wohltuend und fair.

Es hat uns in diesen schweren Tagen von Mircos Verschwinden geholfen, dass wir nicht auch noch diesen Mediendruck aushalten mussten, von dem man so häufig bei solchen aufsehenerregenden Fällen liest. Dafür sind wir dankbar.

Eine Familie – kein Wort

Reinhard: Allerdings, so lässt sich feststellen, konnte das nur funktionieren, weil unsere ganze Familie sich von Anfang an an Regeln und Absprachen gehalten hat. Die Grundregel lautete: Kein Wort zur Presse! Dementsprechend hat sich die Aufmerksamkeit der Medien rasch auf die Beamten der Sonderkommission gerichtet. Pressevertreter wussten bald: Es bringt nichts, zu den Schlitters nach Grefrath zu fahren, wir können besser gleich zur Polizei gehen. Das hat aber nur funktioniert, weil wirklich alle in der Familie, auch Freunde und Arbeitskollegen, Verwandte und Nachbarn, eisern dichtgehalten haben. Für uns eine Lehre, die man jedem betroffenen Angehörigen von Verbrechensopfern mitgeben kann.

Das hat uns als Familie auch klar gemacht: In solchen Zeiten extremer seelischer Anspannung muss man der Öffentlichkeit längst nicht alles sagen. Vor allem war es uns wichtig, die Kinder von vorneherein aus allem Medienrummel herauszuhalten, gerade was Bilder von ihnen angeht.

Das hatte noch einen weiteren Effekt, den uns der Leiter der Sonderkommission später bestätigte: Indem wir von selbst keinen Schritt in die Öffentlichkeit unternahmen, ohne mit der Polizei zu reden, gab es auch keine Missverständnisse oder widersprüchlichen Nachrichten, die man hätte ausschlachten können. Damit konnten wir als Familie wiederum unseren kleinen Beitrag leisten, den Polizisten den Rücken frei zu halten. Die hatten anderes zu tun – nämlich Mirco zu suchen.

Reden und Schweigen

Reinhard: Die ersten Wochen haben wir also buchstäblich mit heruntergelassenen Jalousien gelebt. Das hatte auch einen Vorteil, denn die Bevölkerung dachte, wir wären gar nicht zu Hause. Unser Alltag ging aber weiter; Sandra ging mit dem Hund, nur jetzt nicht mehr allein, sondern mit einem der Kinder oder mit mir. Die Leute, denen wir dabei begegneten, wussten offensichtlich gar nicht, wie sie sich uns gegenüber verhalten sollten, bis wir sie dann mit einem „Hallo" oder „Guten Tag" aus der Reserve gelockt haben. Sie haben dann schnell gemerkt, dass man mit uns ja ganz normal reden kann.

Sandra und ich durchlebten verschiedene Phasen, was das Reden über Mircos Verschwinden anging. Am Anfang stand das sprachlose Entsetzen. Glücklicherweise nicht ganz sprachlos, denn miteinander redeten wir vom ersten Augenblick an. Und wir sprachen auch mit Gott; jeder für sich und gemeinsam. Doch das war keine Kommunikation, die in die Medien kam. Das gehörte nur uns beiden.

Dann kam die Phase des Fragens: Wie geht es wohl Mirco? Was ist da bloß geschehen? Wer könnte unseren Jungen verschleppt haben? Auch diese Gespräche, die wir miteinander und natürlich mit den Polizisten führten, hatten unserer Ansicht nach ihren Platz nicht in der Öffentlichkeit. Da gehörten sie einfach nicht hin.

„Wir brauchen die Presse!"

Doch das änderte sich. Die großen, Aufsehen erregenden Suchaktionen waren mittlerweile beendet. Ohne Ergebnis. Aber die kriminalistische Feinarbeit fing nun, von der Öffentlichkeit weitgehend unbemerkt, für die Soko Mirco erst an. Ingo Thiel hatte von Anfang an das richtige Gespür. Er war überzeugt: Es kommt der Zeitpunkt, an dem wir Zeitungen, Rundfunk, Fernsehen und Internet brauchen, um die Fahndung voranzutreiben. Die Presse sollte sich nach dem Abflauen der ersten Sensationsmeldungen dann in unserem Fall wirklich als wichtiges Bindeglied zu Hinweisen aus der Bevölkerung erweisen.

„Je mehr jetzt in der Zeitung steht, umso mehr Hinweise können wir bekommen, die uns vielleicht zur entscheidenden Spur führen!", erklärte uns Ingo Thiel.

Der „Terrier" bediente sich sehr gekonnt der Öffentlichkeit. Er wandte sich mehrfach in Pressekonferenzen und sogar in ganzseitigen Zeitungsanzeigen an die Menschen in und um Grefrath, dankte ihnen für ihre Hilfe und bat sie, in ihren Anstrengungen bei der Suche nach Hinweisen nicht lockerzulassen. Die mediale Öffentlichkeit sollte auch dem Täter klarmachen: „Wir sind auf deiner Spur. Und wir bleiben so lange dran, bis wir dich haben."

Auch hier wurden die Informationen an die Journalisten nicht durch uns als Betroffene gesteuert, sondern durch die Polizei und ihren Einsatzstab.

Ein Appell, der aufrütteln soll

Sandra: Auch für uns kam eine Zeit, in der wir uns den Medien stellten. Im ersten Schritt jedoch nicht dadurch, dass wir Interviews gaben. Auf Anraten der Sonderkommission richteten wir 21 Tage nach Mircos Verschwinden einen Appell an den oder die Täter. Wir suchten damit ganz gezielt eine breite Öffentlichkeit über das Medium, das am meisten dazu geeignet ist, Gefühle zu vermitteln: das Fernsehen.

Nach kurzer Bedenkzeit und Austausch mit dem Opferschutz hatten wir uns gesagt: „Irgendetwas muss in diesem Stadium der Ermittlungen passieren, damit der Täter aufgeschreckt und vielleicht nervös wird. Vielleicht regt sich sogar etwas wie Reue oder ein schlechtes Gewissen in ihm", so unsere Überlegung. Vielleicht geriet er sogar in Panik und verrät sich durch auffällige Reaktionen. Darauf hofften wir und die Beamten der Sonderkommission.

Was konnte unser persönliches Erscheinen auf dem Bildschirm bewirken? Reinhard und ich spielten das in Bezug auf einen möglichen Täter in jeder Hinsicht durch. Würde unser Auftritt bei ihm Mitleid erregen? Eher nicht. Ein Mensch, der sich an einem zehnjährigen Jungen vergreift und ihn verschleppt, ist wohl kaum zu solchen Regungen fähig. Ein Appell an das schlechte Gewissen? Das schon eher. Denn jeder Mensch, so tief er auch gesunken sein mag, hat unserer Überzeugung nach irgendwo letzte Regungen einer solchen Instanz, auch wenn sie vielleicht verschüttet sind. Schließlich: die Angst vor Entdeckung? Vielleicht. Im Fernsehen konnten Reinhard und ich natürlich keinen der Millionen Menschen sehen, die wir ansprachen. Aber jeder einzelne dieser Menschen konnte *uns* sehen. Uns in die Augen blicken. Ich wollte, dass der Mensch, der unseren Mirco verschleppt hatte, uns ebenfalls in die Augen schauen würde.

Reinhard: Sandra und ich wollten uns stellen. Wollten mit unserem Auftritt und Appell im Fernsehen zeigen, dass wir ein Zeichen brauchen. Und unseren Mirco zurückwollen. Wir waren es unserem Sohn schuldig, dass wir uns nicht in unserem Leid und unserer Angst verkriechen, sondern uns einsetzen, wo immer wir einen Beitrag dazu leisten können, auch wenn es besonders mir sehr schwer fiel.

Sandra: Es war ein Kampf, aber wer sonst sollte ihn kämpfen? Mit viel Gebetsunterstützung, dem Wissen „Gott ist bei uns“ und unserer neu gewonnenen „Familie Soko Mirco“ war es zu schaffen. Ja, ein wirklicher Appell an einen feigen Menschen, sich zu stellen und zu seiner Tat zu bekennen – und wenn es nur durch anonyme Hinweise geschehen wäre, wäre dies schon ein Erfolg gewesen.

Vor der Kamera wächst die Kraft

Es war ein schrecklicher schwerer Auftrag. Man sah uns beiden das, glaube ich, auch bei diesem Auftritt deutlich an. Tröstlich für uns war, dass die vertrauten Beamten vom Opferschutz uns begleiteten und auch viele Freunde und unsere Familie während der Aufzeichnung im Gebet an uns dachten.

Im Studio, das in den Räumen der Polizeistation in Dülken aufgebaut worden war, machten wir uns kurz mit dem Fernsehteam bekannt. Es ging alles recht schnell und alle waren sehr einfühlsam. Ich habe nur gehofft, dass ich meinen Text nicht zu oft sagen muss, da ich an einer gewissen Stelle immer schlucken musste und mir die Tränen kamen, obwohl ich sonst immer sehr gefasst war. Die Scheinwerfer flammten auf; Reinhard und ich nahmen hinter dem Tisch Platz. Wir waren beide total zittrig und blass.

Doch plötzlich, als die Aufzeichnung begann, spürte ich eine ungeheure Kraft in mir wachsen. Es ging um unseren Mirco! Um unser Kind! Wir haben den anonymen Täter angesprochen. Wir haben gefleht, gebeten und gebettelt, endlich ein Zeichen zu bekommen, einen Hinweis, was mit Mirco wirklich geschehen ist. Und wo er vielleicht zu finden ist.

Dieser Auftritt, dieses Veröffentlichen unserer tiefsten und innersten Ängste und Anliegen im Fernsehen war nicht einfach für uns. Aber wir haben es geschafft, weil es um unseren Mirco, unser Kind ging. Dieser Appell hat sehr viele Menschen erreicht. Die Öffentlichkeit hat noch einmal anders auf Reinhard und mich geschaut. Denn mit einem Mal hatten „Mircos Eltern" nun Gesichter.

Die Reaktionen der Menschen auf unseren ersten Auftritt im TV waren unterschiedlich. Es war von allem etwas dabei. Natürlich gab es in erster Linie viel Zuspruch und Trost. Menschen, die wir gar nicht kannten, schrieben uns Briefe, Postkarten, E-Mails mit Beileidsbekundungen, guten Wünschen und dem Versprechen, für uns und Mirco zu beten. Das tat gut.

Genauso gab es aber auch die andere Seite: Menschen, die über unseren Auftritt herzogen; Menschen, die uns beschimpften, wir würden uns ja nur wichtig machen; Menschen, die einfach zusammenhangloses Zeug bei uns abladen wollten. Wir haben solche Meldungen ignoriert. Wenn man in einer Ausnahmesituation steckt, kann man und darf man sich nicht von ein paar merkwürdigen Meinungen irritieren lassen.

Nach dem Appell kamen jede Menge Fernsehanfragen bei uns an. Wir haben sie alle dankend abgelehnt. Der Grund war ja klar: Unser Appell hatte ein klares Ziel verfolgt. Die Anfragen, die wir erhielten, fielen jedoch unter die schon genannte Kategorie: „Worüber sollen wir da eigentlich reden?" Solange wir noch keine verlässliche Information über unseren Jungen hatten, konnten und wollten wir uns vor der Presse nicht weiter zeigen. Zu dieser

Zeit hatten wir auch schlicht nicht die Kraft dazu, uns mit solchen Auftritten oder Aussagen zu belasten, die Mircos Fall nicht weiterbrachten.

Mit unserem Appell war von unserer Seite erst einmal alles gesagt, was gesagt werden musste.

Die Medien als Helfer

Fernsehen, Zeitung, Zeitschrift, Radio und Internet haben uns geholfen, unsere Bitte um Unterstützung bei der Suche nach Mirco in ganz Deutschland zu verbreiten. Sie haben geholfen, viele Menschen auf das Schicksal unseres Sohnes aufmerksam zu machen. Sie haben geholfen, Menschen für ungewöhnliche Abläufe in ihrem Umfeld zu sensibilisieren.

Reinhard und ich mussten uns nicht einen Augenblick verstellen. Wir haben das getan, was wir immer tun, uns so gezeigt, wie wir beide nun mal sind. Schnörkellos, ungekünstelt, echt. Wir sind dankbar dafür, dass uns die Journalisten nicht entstellend porträtiert haben, uns nicht gebeten haben, uns besonders zu stylen oder irgendetwas zu sagen, was nicht aus unseren Herzen oder unserer Überzeugung kam.

Etwa ein Jahr nach Mircos Verschwinden haben wir uns ganz bewusst entschieden, zur Talksendung „Beckmann“ zu gehen. Vor allem, weil uns das Thema aus der Seele gesprochen hat: „Glaube trägt!“ Das Gespräch mit dem Moderator Reinhold Beckmann und dem evangelischen Präses Nikolaus Schneider gab uns die Chance, vor einem Millionenpublikum zu erzählen, was wir erlebt haben und was uns geholfen hat. Die Sendung hat uns deshalb so gefallen, weil wir vielen Menschen unseren Glauben an Gott und die Kraft, die er auch in so einer absoluten Ausnahmesituation zu geben vermag, näherbringen konnten und wollten.

Auch dieser Auftritt war mit Bauchkribbeln und Lampenfieber verbunden (das haben die Profis aber auch!). Doch auch hier durften Reinhard und ich sein, wie wir sind. Auch hier haben wir uns nicht für das Fernsehen verstellen müssen.

Wie hilfreich der Auftritt bei „Beckmann“ war, bewies die Menge an Reaktionen, die wir danach erhielten. Viele Menschen haben uns nach dieser Sendung wissen lassen, dass sie ermutigt worden sind von unserem Willen, trotz dieser schrecklichen Tat weiter positiv zu denken, von unserem Bestreben, unser Leben weiterhin in die Hand zu nehmen, ohne in Depression zu versinken, von unserer Überzeugung, auf Rachegedanken zu verzichten.

Wenn diese Menschen im Fernsehen genau zugehört haben, haben sie mitbekommen, dass wir das nicht aus eigener Kraft so angepackt haben. Es ist die Kraft unseres Gottes, die das möglich macht. In der Bibel wird uns zugesagt: *Meine Kraft ist in den Schwachen mächtig.*

Erinnerungen an Mirco ...

© ddp images / dapd

Grefrath
Kreis Viersen
POLIZEI

POLIZEI
W JM 74

Polizeipräsidium Mönchengladbach

Wir suchen Zeugen!

Seit Freitagabend, 3. September 2010, wird der zehnjährige Mirco Schlitter, aus Grefrath, vermisst.
Er befand sich, gegen 20:45 Uhr, an der Skateranlage in Oedt und ging von dort mit seinen Freunden zur Bushaltestelle "An der Kleinbahn" in Oedt. Hier verabschiedete er sich von seinen Freunden, gegen 21:30 Uhr, und fuhr dann alleine mit seinem Mountainbike in Richtung Grefrath. Dies war an diesem Abend sein Heimweg. Zu Hause kam er jedoch nicht an. Sein Fahrrad wurde am Samstagmorgen von einem Passanten in einem Feld, neben dem Radweg der Mülhausener Straße, gefunden.
Bis jetzt konnte Mirco, trotz umfangreicher Suchmaßnahmen nicht gefunden werden.

Mirco war bekleidet mit einer dunkelgrauen Jogginghose mit der Aufschrift "JAKO" mit weißen Streifen bis zum Knie, einem hellgrauen T-Shirt, weiß blauen Pumaturnschuhen.
Er ist ca. 150 cm groß und hat kurze blonde, in der Mitte hoch gegelte Haare.

Wer hat Mirco ab 21:30 Uhr auf seinem Heimweg gesehen?
Wer kann Angaben zu Personen oder auch Fahrzeugen machen, in deren Nähe sich Mirco aufgehalten hat?

Hinweise bitte an die Ermittlungskommission unter

Mircos Verschwinden zieht die größte Suchaktion nach sich, die die Polizei der Bundesrepublik jemals durchgeführt hat. 9.986 Hinweise bearbeitet die „Sonderkommission Mirco" unter der Leitung von Kriminalhauptkommissar Ingo Thiel aus Viersen. Hunderte von Beamten durchkämmen Quadratkilometer um Quadratkilometer jedes Bezirks, in dem man eine Spur des Jungen vermutet.

Reinhard und Sandra Schlitter wenden sich über das Fernsehen an den Entführer.
Aber Mirco bleibt 145 Tage verschollen.

Abschied. Mitschüler aus Mircos Klasse bemalen den Sarg mit Szenen aus dem Leben auf dem Bauernhof, dazu mit Sonne, Mond und Sternen.
Die Familie verabschiedet sich mit Texten und Zeichnungen auf dem Sargdeckel.

Der Grabstein zeigt Lebensstufen von Mirco: ein Pferd für seine Reitbegeisterung, ein Pfadfinderstern und ein Lagerfeuer, ein Fußball, sein geliebtes Fahrrad, ein Trecker für seine Bauernhof-Begeisterung, Schlittschuhe und eine Mathe-Aufgabe.

Kapitel 6

„Grefrath hat seine Unschuld verloren“

Sandra: Ich bin in Grefrath aufgewachsen, habe hier meine Kindheit verlebt, kenne jedes Haus, jeden Baum, jeden Strauch. Mein Elternhaus ist gerade 800 Meter von unserem Haus entfernt.

Grefrath ist ein gemütliches Städtchen. Die Menschen sind rheinisch-fröhlich und gehen nett miteinander um. Unser Grefrath ist so ruhig, dass der Polizeiposten am Wochenende unbesetzt ist und unter der Woche nur zwischen 12:00 und 17:00 Uhr offen hat.

Unsere Stadt hatte für mich von klein auf immer etwas Schützendes, Bergendes, Vertrautes. Niemals wären wir auf den Gedanken gekommen, dass jemand praktisch vor der Haustür ein Kind entführt. Das hätte für uns einfach absurd geklungen, abseits jeder Realität. Die gefühlte Sicherheit der Kleinstadt haben wir auch unseren Kindern vermittelt. Hier ist Selbstständigkeit leichter zu entwickeln als in einer anonymen Großstadt mit ihren sozialen Problemen. Für unsere Kinder war es selbstverständlich, einfach zu sagen: „Ich bin dann mal weg!“, und sich allein auf die Socken zu machen. Nachbarn und befreundete Familien hielten es genauso.

Am 3. September 2010 hat Grefrath seine Unschuld verloren. Mit dem Verschwinden von Mirco brach die absolute Unsicherheit über unsere Familie herein – und über die ganze Stadt.

Gedanken, Gebete, Vergebung

Unsere Erste-Hilfe-Maßnahmen, um Schock und Sprachlosigkeit zu überwinden, waren drei Dinge: Erstens unterstützten wir in Zusammenarbeit mit der Polizei jede nur denkbare Aktivität, um Mirco aufzuspüren. Zweitens wendeten wir uns ganz bewusst einander zu: Reinhard öffnete sich mir, ich mich Reinhard, wir beide waren für die Kinder da und kapselten uns auch nicht von den Menschen um uns herum ab. Das half uns auch bei unserer bewussten Entscheidung, nicht in Grübeln und Verzweiflung zu versinken.

Das Dritte und Wichtigste war das Gebet. Jeder von uns hat, sobald wir auch nur einen Moment Zeit für einen freien Gedanken hatten, für sich ein Stoßgebet gesprochen. Wir haben allein gebetet, zu zweit und im Kreis der Menschen, die uns schon am ersten Abend umgeben haben – Geschwister, Eltern, Nachbarn, Freunde. In den ersten Wochen nach Mircos Verschwinden trafen wir uns als größerer Familienkreis von nun an von halb acht abends bis neun Uhr zum intensiven Gebet bei uns zu Hause. Ab den Herbstferien führten wir diese Gebetsabende weiter – und zwar immer an den sogenannten „M“-Tagen: Montag und Mittwoch. M steht für Mirco.

Wir haben versucht, uns an Fakten festzuklammern, die uns Hoffnung zu geben schienen. Doch alle Fakten zerbröselten von Stunde zu Stunde zwischen unseren Fingern wie Sand. Krankenhaus, Unfall, Ausreißen – all das mussten wir nach und nach ausschließen. Das war bitter.

Wo die Fakten gegen einen sprechen, da hilft die Hoffnung weiter. Und aktives Handeln, die Möglichkeit, etwas Sinnvolles für Mirco tun zu können, auch wenn es nicht viel war. Was immer wir heranschaffen konnten, um die Arbeit der Polizei zu unterstützen, haben wir sofort akribisch erledigt. Wir waren rund um die Uhr alarmbereit. Ich bin am ersten Abend nach Mircos Verschwinden in meinen Straßenklamotten ins Bett gegangen, um sofort einsatzbereit zu sein, sobald das Telefon klingeln würde. Es hätte ja sein können, dass wir vielleicht irgendetwas Neues erfahren, vielleicht sofort irgendwohin aufbrechen müssten.

Ohne uns abzusprechen hatten wir als Familie zudem einen Entschluss gefasst: Es ist immer einer von uns zu Hause. Wir haben immer die Tür offen gelassen, Tag und Nacht, um Mirco willkommen zu heißen, um da zu sein, falls er wieder nach Hause käme. Jeden Augenblick haben wir gehofft und gebangt und gewünscht, dass er einfach vor der Tür steht und sagt: „Hallo, da bin ich wieder!"

Diese Hoffnung galt vor allem für Mircos Geburtstag am 18. September. An diesem Tag wurde unser Junge 11 Jahre alt. Als Mircos Geburtstag heranrückte, haben wir uns immer wieder gefragt, was wir mit diesem Tag machen sollen. Wir wollten ihn keinesfalls ignorieren, denn es hätte ja sein können, dass Mirco genau an diesem Tag zurückkommt und sagt: *„Hey, was läuft denn hier? Habt ihr etwa meinen Geburtstag vergessen?"* Also haben wir eine kleine Feier vorbereitet, den Geburtstagstisch mit Geschenken und Kuchen gedeckt. Dann haben wir uns alle zusammengesetzt und Erinnerungen an Mirco ausgetauscht, an ihn gedacht und zusammen gebetet. Es war ein bisschen skurril, ein bisschen komisch und dennoch tröstlich zugleich – eine ganz unbeschreibliche Stimmung, die uns alle erfüllte und die Mirco ganz nahe bei uns sein ließ.

Das zweite Ja zueinander

Reinhard: Wie sind wir mit diesem Einbruch des Bösen in unser Leben umgegangen? Wie haben wir es geschafft, dass sich Mircos Verschwinden und die Untat, die sich später dahinter enthüllte, nicht zur totalen Katastrophe für unsere ganze Familie auswuchs? Ich habe diese Fragen oft von anderen Menschen gehört. Selbst gestellt habe ich sie mir allerdings erst lange, nachdem wir Mirco beerdigt hatten.

Diese Fragen sind aber berechtigt. Woher nimmt man die Kraft, unter einem solchen Schicksalsschlag nicht zusammenzubrechen? Nicht in Depression zu versinken?

Die zweite Maßnahme, nämlich dass wir uns bewusst einander zugewandt haben, war einer der Schlüssel dazu, dass unsere Beziehung – im Gegensatz zu so vielen Paaren, die solch eine Katastrophe erleiden –, nicht auseinanderbrach, sondern eher noch fester zusammenwuchs.

Für Sandra und mich hat dieses Einander-zuwenden damit begonnen, dass wir uns gegenseitig keine Schuld zugeschoben haben. Ja, es gab dieses folgenschwere Missverständnis zwischen ihr und mir an dem Freitagabend, als Mirco verschwand. Ich glaubte verstanden zu haben, unser Junge sei schon sicher zu Hause. Und Sandra glaubte, er würde jeden Moment nach Hause kommen und ich würde noch nach ihm sehen.

Wir haben uns gesagt: „Es ist passiert, und zwar nicht deshalb, weil ich oder weil du dies oder jenes getan oder unterlassen hast." Ich möchte nicht sagen: Es musste so kommen. Aber wir können als Eltern nicht überall sein. Wenn wir unsere Kinder zu vertrauensvollen und selbstständigen Menschen erziehen wollen, dann müssen wir ihnen auch Stück für Stück die Möglichkeit geben, selbstständig zu werden. Grefrath ist nicht Los Angeles. Die Gefahren, die mit der Freiheit einhergingen, die wir unseren Kindern bewusst und altersgemäß eingeräumt haben, schienen für uns und alle anderen Menschen in dieser Stadt bis zum 3. September 2010 überschaubar.

Sandra und ich haben uns an diesem Abend und an keinem Tag danach gegenseitig einen Vorwurf gemacht. Wir haben uns in den Arm genommen, die Zeile aus dem Vaterunser im Kopf: *Und vergib uns unsere Schuld, wie auch wir vergeben unseren Schuldigern …*

Schuld konnten wir nicht finden. Und wir wollten sie auch nicht verteilen. Eine der Erkenntnisse, die wir aus Mircos Geschichte mitgenommen haben, lautet: *Hör auf, einen Sündenbock zu suchen. Lass es einfach bleiben!* Viele Menschen neigen dazu, aus welchen Gründen auch immer, einen anderen Menschen, einen Umstand, eine Tat, ein Missgeschick oder schlicht das Wetter für Schicksalsschläge oder negative Erfahrungen verantwortlich zu machen. Doch das führt zu nichts. Wir haben den Weg der gegenseitigen Vergebung gewählt, um erst gar nicht in eine Sündenbock-Falle zu tappen, die unser Leid nur noch vermehrt hätte.

Nein – wir stellten uns stattdessen lieber unserer gemeinsamen Verantwortung. Wir rekonstruierten, was geschehen war, und zogen unsere Rückschlüsse daraus. Ehrlich und kritisch, aber immer im Vertrauen aufeinander und in gegenseitiger Zuneigung. Alles andere hätte keinen Zweck gehabt.

So standen wir von Anfang an Seite an Seite in dieser Katastrophe. Nichts konnte uns auseinanderbringen, weil wir uns gegenseitig gestützt und unterstützt haben. Wir haben unsere Tränen zugelassen, wir haben uns in den Arm genommen, wir haben gemeinsam entschieden und wieder nach vorne geschaut. Wir sind ein Paar, vor Gott und den Menschen miteinander verbunden. Welchen anderen gelebten Sinn sollte das Versprechen haben, das wir uns bei unserer Hochzeit gegenseitig gegeben hatten? *In guten und in schlechten Tagen.*

Wir hatten bis dahin fast nur gute Tage miteinander. Nun standen wir plötzlich mitten in den schlechten. Nein, falsch: in den schlimmsten Tagen unseres Lebens.

Die Abwärtsspirale unterbrechen

Ein zweites wichtiges Mittel, um den Kopf über Wasser zu halten, war unser Entschluss, uns nicht auf eine gedankliche Abwärtsspirale einzulassen. Jeder kennt das, wenn man in schwierigen Lebenssituationen steckt und sich dann nur noch in den Gedanken darüber festbeißt, wie es hätte anders sein können. Sandra hat das mal zutreffend das „Versinken in der Grübelspirale" genannt: Das sind jene verständlichen, aber letztlich immer wieder vergeblichen und sinnlosen Gedanken wie: *Ach, hätten wir doch … wenn wir dies oder jenes getan hätten … vielleicht wäre doch noch alles anders gelaufen, wenn …*

Um nicht falsch verstanden zu werden: Natürlich ist Nachdenken und Revue-passieren-lassen dessen, was geschehen ist, gerade in schwierigen Situationen des Lebens unerlässlich. Nur darf man halt nicht dabei stehenbleiben! Sonst droht unserer Erfahrung nach die Gefahr, dass man rückwärtsgewandt lebt und versucht, Dinge, die längst nicht mehr zu ändern sind, immer wieder zu durchdenken und besser verstehen zu wollen. Ich habe mal gelesen, dass das menschliche Denken einfach an unbegreiflichen Dingen nicht vorbeigehen kann. Unser Geist will das Unbegreifliche irgendwie verstehen und einordnen, nur dann gibt er Ruhe. Gelingt ihm das nicht, so setzt er die „Grübelspirale" in Gang: Ob wir wollen oder nicht, unser ganzes Denken konzentriert sich dann nur noch auf die Auflösung dieses unbegreiflichen, widersprüchlichen Problems. Wir zermartern uns buchstäblich den Kopf.

Das wäre aber auf Dauer keine gute Voraussetzung, um die gegenwärtigen Probleme zu bewältigen, die in einem solchen Augenblick vor uns lagen. Natürlich haben wir uns diesem Entschluss nicht wissenschaftlich angenähert, sondern er war für uns ganz praktisch begründet: Wir haben noch drei andere Kinder, die uns jetzt brauchten wie noch nie in ihrem Leben. In vielen Gebeten und Gesprächen mit Freunden, Vertrauten und dem Opferschutz haben wir uns klar gemacht: Was geschehen ist, ist geschehen. Wir können es jetzt nicht mehr ändern oder beeinflussen. Aus. Das, was geschehen ist, ist vorbei. Einfach vorbei.

Kleine Gesten, große Hilfe

Sandra: In der Nachbarschaft, in der Familie, im Freundeskreis, in der Gemeinde fanden sich viele Menschen, mit denen wir unsere Not teilen konnten. Wir konnten alles erzählen, was uns beschäftigte; das hat uns beiden gut getan. Es war tröstlich, immer jemanden zu haben, der einfach zuhört, auch wenn einem klar ist, dass der Mensch, der einem gegenüber sitzt, das nicht unbedingt alles verstehen und schon gar keine Lösung anbieten kann. Es hilft aber oft schon, dass überhaupt jemand da ist.

Mich hat es sehr berührt, dass uns so viel Hilfe im kleinen, für manchen vielleicht banalen, aber dennoch wichtigen Alltag angeboten wurde. Denn das Leben, der Haushalt, alles das musste ja irgendwie weitergehen. Auch wenn ich gar nicht alle dieser Angebote angenommen habe – ich hatte sie doch im Hinterkopf als beruhigendes Polster. Ich wusste: Wenn es mir seelisch nicht gut geht, wenn ich irgendetwas einfach nicht packe, ist auf jeden Fall jemand da. So hat zum Beispiel eine Freundin gesagt: „Ich bügle für dich deine Wäsche, schieb einfach mal die Körbe rüber!“ – und ich hätte unsere Sachen, wenn ich gewollt hätte, komplett gebügelt und gefaltet wiedergekriegt. Ich habe es dann doch selbst gemacht, einfach, weil es mir gut tat, mich sinnvoll zu beschäftigen, statt nur tatenlos zu Hause herumzusitzen.

Praktisch gelebte Nächstenliebe haben wir in vieler Hinsicht erleben dürfen. Ein Beispiel war Judiths 9. Geburtstag. Natürlich wollte und sollte sie ihren Ehrentag feiern, sie hatte alles Recht der Welt darauf. Doch Reinhard und ich gerieten ein bisschen in einen Zwiespalt: Was, wenn wir gerade an diesem Nachmittag mit überraschenden neuen Nachrichten von Mirco konfrontiert werden sollten? Können wir dann eine solche Feier überhaupt durchziehen? Freunde, die unsere Bedenken mitbekamen, nahmen uns die Entscheidung ab: „Solltet ihr genau dann weg müssen, wenn Mirco gefunden wird, dann übernehmen wir und machen die geplante Geburtstagsfeier mit den Mädels."

Solche Gesten und Taten waren uns immer wieder eine Hilfe und vor allem auch ein großer moralischer Rückhalt. In der Extremzeit, die wir seit Mircos Verschwinden durchlebten, haben wir neu erleben dürfen, wie wohltuend und schön menschliche Gemeinschaft sein kann. Es tat so gut zu merken, dass wir nicht allein sind, dass so viele Menschen hinter uns stehen und sich selbstlos engagieren und dass sogar völlig Fremde sich rührend für uns eingesetzt haben.

Ein paar Tage nach ihrem Geburtstag fuhr Judith auf Klassenfahrt. Wir hatten uns vorher viele Gedanken gemacht, ob sie überhaupt fahren sollte und wie sie sich dabei fühlen würde – und vor allem auch, wie sie mit eventuellen Fragen ihrer Klassenkameraden, Lehrer oder anderer Eltern umgehen würde. Diese Bedenken haben wir vor der Fahrt den Lehrern mitgeteilt. Sie sorgten dafür, dass Judith eine unbeschwerte Fahrt erleben konnte, indem sie vorher mit allen Beteiligten sprachen. Und tatsächlich: Kein Mensch hat Judith während dieser Fahrt auf das Thema Mirco angesprochen und sie konnte ein Stück Normalität erleben. Natürlich hatten sie und ihre Lehrer alle Notfallnummern dabei, sodass man schnell hätte reagieren können, wenn es etwas Neues gegeben hätte. Auch der Opferschutz war eingeweiht. Er wusste jederzeit, wo Judith unterwegs war.

Unsere Arbeitgeber zeigten sich überaus verständnisvoll und ließen uns, wie gesagt, völlige Freiheit, wann wir wieder arbeiten gehen wollten. Dieser Zeitpunkt war für uns beide im November gekommen. Natürlich gab es unterschiedliche Reaktionen. Meine Kollegen hatten gemischte Gefühle und wussten nicht so recht, wie sie mir begegnen sollten. Dafür hatte ich Verständnis. Wie geht man auf jemanden zu, der gerade die größte Katastrophe seines Lebens durchleiden muss? Spricht man über das Geschehene? Oder lieber gar nicht? Fragt man, wie es ihm geht?

Meine Kolleginnen im Laden hatten seit Mircos Verschwinden schon einige arge Sachen erlebt – etwa Kunden im Geschäft, die ihr Mitleid mit unserer Familie ausdrücken wollten, weinend zusammenbrachen und dann von meinen Kollegen getröstet werden mussten. So etwas belastet natürlich.

Auch hier hat es allen Beteiligten geholfen, möglichst offen mit der Situation umzugehen. Ich habe von mir aus die Fragen angesprochen, von denen ich ahnte, dass sie meine Kollegen beschäftigten. Um nicht zu viel Aufsehen im Geschäft zu erregen, habe ich am Anfang eher im Hintergrund gearbeitet, etwa im Lager, im Büro oder auch im Aufenthaltsraum.

Mir begegneten auch Leute, die meinten, ihr Mitgefühl unserer Familie gegenüber durch wilde Rachefantasien in Bezug auf den Täter ausdrücken zu müssen. So sagte ein Kunde zu mir: „Man müsste den Menschen, der das getan hat, auf den Marktplatz stellen und erschießen!“ Ich antwortete dem Mann: „Bitte verstehen Sie, dass ich darüber nicht reden will. Ich möchte hier einfach nur meine Arbeit machen!“

Die Hilfe der Polizisten

Reinhard: Neben den Beamten des Opferschutzes haben uns die Leute von der Soko Mirco tief beeindruckt und geholfen: Durch ihre Professionalität, ihren unermüdlichen Einsatz, ihr Mitgefühl und die manchmal gnadenlose, dennoch wohltuende Offenheit ihrer Mitteilungen.

Ich entsinne mich, wie Ingo Thiel bei seinem ersten Besuch an unserem Esstisch Platz nahm. Er saß an der Stelle, an der heute noch unter der Tischplatte Mircos fantasievolle Buntstiftkritzeleien aus langweiligen Hausaufgabenstunden zu finden sind. Thiel sagte uns damals in aller Offenheit: „Ich bringe Ihnen Ihr Kind zurück. Ich kann Ihnen nur keine Hoffnung machen, dass Mirco noch lebt.“ Das war für ihn als erfahrenen Kriminalisten zu diesem Zeitpunkt eine Tatsache.

Da haben wir erst einmal schwer schlucken müssen, weil wir uns natürlich immer noch Hoffnungen machten. Die Leute vom Opferschutz haben übrigens versucht, uns dasselbe beizubringen, nur etwas sachter. Aber gerade Ingo Thiels schonungslose Offenheit war der Schlüssel für uns, dem Kommenden vorbereitet ins Auge zu sehen und unsere Energie nicht auf illusionäre Rettungsfantasien zu verschwenden.

So brutal sie war: Die Wahrheit war für uns die beste Chance, das Geschehene zu begreifen. Einfühlsames Drumherumgerede wäre vielleicht rein kosmetisch ein bisschen netter für uns gewesen, aber es hätte uns nicht geholfen. So hatten wir die Chance, eine realistische Erwartungshaltung und deshalb eine für beide Seiten hilfreiche Beziehung zur Soko und ihrem Leiter aufzubauen.

Meine Frau und meine Schwiegermutter sind am 6. Dezember in das Lagezentrum der Sonderkommission gefahren und haben sich bei jedem einzelnen Mitarbeiter mit einem persönlichen Grußkärtchen mit Mini-Nikolaus und Weckmännern für seinen

Einsatz bedankt. Außerdem haben wir ihnen das Gedicht „Spuren im Sand“ mitgebracht, da es so gut ausdrückt, wie wir uns gefühlt haben. Dort heißt es am Ende: „Mein liebes Kind, ich liebe dich und werde dich nie allein lassen. Dort, wo du nur eine Spur gesehen hast, da habe ich dich getragen.“

Dieser Besuch und die kleine Gabe haben, so haben wir später erfahren, diese Menschen sehr berührt, die rund um die Uhr für unseren Mirco und seine Entdeckung arbeiteten.

Die Mitarbeiter der Soko haben es nicht nur geschafft, in unendlicher Puzzlearbeit aus über 9.900 Hinweisen die tatsächlichen Indizien herauszufiltern, den Täter zu stellen und vor allem Mircos Schicksal aufzuklären. Sie haben uns außerdem in den schwersten Monaten unseres Lebens mit Zuneigung und Wärme freundschaftlich begleitet und uns immer die Wahrheit gesagt. Danke dafür!

Die Kraft des Gebets

Sandra: Es war wirklich unglaublich, wie viele Menschen an Mircos und unserem Schicksal Anteil genommen haben. Je länger unser Sohn verschollen blieb, desto mehr Menschen meldeten sich, sprachen uns Trost zu und versicherten uns, dass sie für Mirco und für uns beteten. All diese Menschen, die wir ja gar nicht kannten, standen vor Gott für uns ein und durchlitten Seite an Seite mit uns unsere Sorgen und Nöte! Wir haben uns wirklich getragen gefühlt. Das tat gut und gab uns ein Stück weit den Glauben an die Menschheit zurück. Es gibt da draußen eine riesige Menge von Leuten, denen das Schicksal anderer nicht egal ist, die zu riesigem Mitgefühl, Solidarität und Liebe fähig sind!

Es gibt ja Wissenschaftler, die behaupten, dass gemeinsames Gebet vieler Menschen denjenigen, für die gebetet wird, tatsächlich hilft. Darüber gibt es sogar Studien. Ich kann nicht wissenschaftlich beurteilen, ob das stimmt. Aber ich kann ganz sicher sagen, dass es uns geholfen hat!

Auch wir selbst haben fast ununterbrochen gebetet – die gemeinsamen Gebetsrunden jeden Abend gaben uns Trost und stärkten uns. In Grefrath gab es schon am Donnerstag nach Mircos Verschwinden in der Laurentius-Kirche einen Gebetsgottesdienst für Mirco, an dem 500 Menschen teilnahmen. Ein Zeitungsreporter schrieb daraufhin: „Der Gottesdienst für den seit einer Woche vermissten Mirco war ein klares Zeichen der Grefrather an die Familie des Zehnjährigen: Wir stehen hinter euch!"

Später wurden weitere Gottesdienste und sogar ein Schweigemarsch durch die Stadt organisiert, an dem Hunderte von Bürgern teilnahmen. All das haben wir dankbar wahrgenommen, manchmal waren wir wirklich sprachlos vor so viel Anteilnahme.

Rührend fanden wir, was uns eine Nachbarin erzählte: Sie hatte mitbekommen, wie eine weitere Nachbarin eine Bekannte ansprach, die bekanntermaßen konfessionslos war: „Du könntest jetzt ja für den Mirco auch mal endlich beten!" Worauf die Dame nachdenklich wegging und ihre Gesprächspartnerin gleich am nächsten Tag wissen ließ, dass sie ihren Vorschlag tatsächlich angenommen und für Mirco gebetet hätte – das erste Mal seit vielen Jahren, dass sie sich an einen Gott wandte, von dem sie gar nicht recht wusste, ob es ihn überhaupt gibt.

Trost aus dem ganzen Land

Tag für Tag nahmen mehr Menschen an Mircos Schicksal Anteil. Im Internet bildete sich im sozialen Netzwerk „StudiVZ" eine Gruppe. Unter dem Titel: „Eine Kerze für Mirco" fanden sich dort allein in der ersten Woche über 15.000 Mitglieder ein. „Mirco,

Dir wünsche ich, dass Du so unversehrt wie möglich wieder bei Deiner Familie ankommst", schrieb eine Teilnehmerin namens Steffi. „Ich denke viel an Deine Eltern und wünsche Ihnen Kraft und Zuversicht. Die Hoffnung stirbt immer zuletzt!"

An den Orten, wo Gegenstände von Mirco gefunden worden waren, stellten Menschen Kerzen auf, legten Blumen und Stofftiere ab. Hier wurde die Anteilnahme der Grefrather an Mircos Schicksal besonders deutlich sichtbar – wie etwa am Parkplatz Hinsbecker Straße. Dort wurde unter anderem ein Brief an Mirco niedergelegt, der folgendermaßen lautete:

Lieber Mirco,
Du hast Geburtstag und kannst nicht bei Deiner Familie sein. Wo immer Du auch bist, es denken sehr, sehr viele Menschen an Dich. Vielleicht spürst Du das irgendwie und es gibt Dir ganz viel Kraft. Ich wünsche Dir das Allerbeste auf dieser Welt und dass Du bald wieder bei Deiner Familie sein kannst!

Mit der Post erreichten uns von Tag zu Tag mehr Zuschriften, nicht nur aus Deutschland, sondern aus der halben Welt, sogar aus Äthiopien war eine dabei. Es gab uns wirklich Trost und Hoffnung, dass so viele Menschen an uns dachten und für uns beteten. Um diesen Trost für uns alle sichtbar und im besten Sinne des Wortes begreifbar zu machen, hatte ich kurzerhand die Geburtstagsgirlande von Judiths und Mircos Geburtstag im Wohnzimmer hängen lassen und die Briefe und Postkarten daran aufgereiht.

Schockstarre in Grefrath

Mircos Verschwinden löste in unserer Stadt einiges aus. Schon am Morgen nach der Fernsehmeldung spürte man das geradezu körperlich in der Stadt. Keine Familie ließ mehr ihre Kinder unbegleitet auf die Straße oder in die Schule gehen. Mit einem Mal war es sehr still im Ort ohne den Lärm von lachenden, spielenden, tobenden Kindern auf Straßen, in Parks und auf Spielplätzen. Die Polizeipräsenz in der Stadt war deutlich erhöht. Leute, die irgendwie auffällig wirkten (oder betont unauffällig), wurden sofort überprüft.

Erst nach den Herbstferien, also nach einem Vierteljahr der Suche nach Mirco, entspannte sich die Lage langsam. Mit polizeilicher Unterstützung riefen die Schulleiter und Lehrer die Eltern in Grefrath dazu auf, wieder zur Normalität zurückzukehren. Doch viele Eltern waren noch angespannt, konnten und wollten ihre Kinder nicht allein gehen lassen, so lange Mircos Schicksal ungeklärt war. So lange sie wussten: *Da draußen läuft irgendein Mensch herum, der Kinder von der Straße verschwinden lässt. Und der weiß Gott was mit ihnen anstellt.*

Was hat es mit unseren anderen Kindern gemacht?

Sandra: Wie war das alles für die anderen Kinder? Die erste Reaktion von Alex, Julia und Judith war für uns gar nicht einfach einzuschätzen.

Alex hat in seiner Eigenschaft als großer Bruder von Anfang an Verantwortung übernommen. Während Reinhard und ich bei der Polizei waren, hat er sozusagen als Innenminister unser Zuhause gemanagt. Wenn die Polizisten etwas brauchten, hat er uns angerufen und gefragt: „Dürfen die das? Ist das okay, wenn die Polizisten das mitnehmen?“ Verantwortungsbewusst hat Alex darauf geschaut, dass nichts verkehrt läuft. Dabei war er, als das alles geschah, ja gerade mal 13 Jahre alt. Dennoch hat er selbstverständlich das Regiment übernommen und die Mädels haben pariert. Ein Segen, denn Geschwisterstreitigkeiten hätte in dieser Situation niemand gebrauchen können! Alex hat uns den Rücken freigehalten, sodass wir beide uns auf die Zusammenarbeit mit der Polizei konzentrieren konnten.

Er musste das nicht ganz allein bewältigen. Die Großeltern, unsere Geschwister und Freunde haben ihm von Anfang an dabei zur Seite gestanden, klar. Aber dennoch: Hut ab vor unserem großen Sohn, der mit seinen 13 Jahren diese krasse Situation toll bewältigt hat. Doch wie ging es ihm dabei und wie erlebten unsere Töchter, die ja noch ein ganzes Stück jünger waren, diese Zeit? Lassen wir unsere Kinder am besten selbst ein paar Eindrücke erzählen.

Die Sehnsucht nach Normalität

Alex: Der Schock von Mircos Verschwinden war groß. Deshalb war ich froh, dass ich ein paar Tage nicht zur Schule musste und somit etwas Zeit hatte, das ganze Chaos in meinen Gedanken und in meinen Gefühlen ein bisschen zu sortieren. Fertig geworden bin ich mit meinen Gedanken und Gefühlen in dieser Zeit natürlich nicht. Aber das Zusammenstehen in der Familie tat uns allen gut.

Ab einem gewissen Zeitpunkt ging es für uns auch wieder „irgendwie normal“ weiter. Mama und Papa haben sich viel Mühe gegeben, etwas Normalität in unserem täglichen Ablauf aufrechtzuerhalten. Das empfand ich als besonders wichtig. Angst hatte ich übrigens komischerweise nicht. Ich konnte nur, wie alle anderen um mich herum, überhaupt nicht begreifen, was da geschehen war. Ich wollte halt genau wissen, was passiert ist, und habe mich intensiv damit auseinandergesetzt. Mama und Papa haben mir als Gesprächspartner Rede und Antwort gestanden, wann immer sie konnten. Was ich heute noch toll finde: Sie sind keiner Frage von mir ausgewichen, und war sie noch so direkt.

Ich ging in den ersten Tagen nicht in die Schule. Das war vor allem deshalb wichtig, weil wir nicht dauernd den Reportern in die Arme laufen wollten. Dann begann für mich die Schule wieder. Ich wollte auch sehr gern wieder hin. Denn es ist besser, den Kopf zu beschäftigen und unter Menschen zu sein, als den ganzen Tag zu Hause zu hocken und über das Verschwinden von Mirco zu grübeln und die Sorge in sich aufsteigen zu fühlen. Das tat ich unweigerlich, sobald ich einen Moment allein war.

Eines war wirklich gut: Meine Freunde sind mit ihren Fragen und Bemerkungen zu dem Thema sehr zurückhaltend, geradezu passiv umgegangen, sie haben mich nicht angesprochen. Wenn ich reden wollte, dann waren meine Freunde aber sofort für mich da und haben mir zugehört.

Bitte lasst uns ganz normal sein!

Julia: Ich bin nach ein paar Tagen wieder zur Schule gegangen, da ja erst Ferien gewesen waren und ich so wenig wie möglich verpassen wollte. Allein waren wir nie. Meine Freunde kamen einfach wie sonst auch zu uns, haben die Hausaufgaben vorbeigebracht. Angst hatte ich nicht ganz so direkt, aber halt ein komisches Gefühl. Es war so ungewohnt, dass Mirco plötzlich nicht mehr da war. Von einem Moment auf den anderen! Er hat mir einfach gefehlt, es war eine Person weniger, die ich lieb habe.

Wir haben vor allem in der Familie viel miteinander gesprochen, auch gebetet, wir hingen einfach die ganze Zeit aufeinander, weil wir das brauchten. Das haben wir alle genossen – fast immer. Irgendwann kam auch mal der Zeitpunkt, da ging man sich schon ein bisschen auf die Nerven. Aber insgesamt war das sehr warm und schön und hilfreich.

Bei der Rückkehr in die Schule haben mich Lehrer und meine Mitschüler in Ruhe gelassen. Nur einmal am Anfang haben die Lehrer gesagt: Wenn irgendwas ist, dann kann ich gerne zu ihnen kommen. Und wenn mich was nervt, dann solle ich es ihnen sagen. Auf das fürsorgliche Angebot vom Opferschutz, mich zur Schule zu fahren und wieder abzuholen, habe ich bewusst verzichtet. Ich wollte einfach nur als ganz normale Schülerin zurückkehren. Am liebsten sollte gar nichts anders sein als vorher – wenn das schon nicht zu Hause mehr möglich war, weil Mirco nicht mehr da war, dann bitte, bitte wenigstens in der Schule!

Judith: Ich bin erst mal nur eine Woche aus der Schule weggeblieben, dann später noch mal. Danach bin ich aber wieder gegangen, denn da war die Presse fort. Einige Journalisten, so erzählten meine Klassenkameraden, hatten nämlich die Schüler abgefangen und über Mirco und uns ausgefragt. Ich finde, das ging gar nicht!

Bangemachen gilt nicht

Judith: Ich hatte schon gleich am Anfang richtig Angst. Angst, dass mir auch so was passieren könnte.

Julia: Ich war da eher gelassen. Aber wichtig war es, sich gegenseitig Sicherheit zu geben. Wir haben immer Bescheid gesagt, wo wir hingehen und wo wir gerade sind. Auch haben wir immer unsere Handys dabei gehabt. Das machen wir noch heute so.

Sandra: Hätten wir die ganze schreckliche Sache vermeiden können, wenn wir unseren Kindern weniger Freiheit erlaubt hätten? Nein. Kinder müssen selbstständig werden dürfen. Ich kenne Viertklässler, die auch schon vor Mircos Verschwinden die 500 Meter zu ihrer Schule nicht allein laufen durften. Aber wann sollen Kinder selbstständiges und selbstverantwortliches Handeln denn lernen?

Wir haben vier Kinder und können nicht an jedem Ort zugleich sein. Die einzige Alternative wäre, die Kinder einzusperren. Bei ganz kleinen Kindern passe ich natürlich fast ununterbrochen auf. Aber wenn die Kinder größer werden, muss man sie auch vertrauensvoll auf eigenen Beinen losziehen lassen. Das gehört zum Elternsein dazu.

Deshalb wohl waren wir trotz unserer furchtbaren Erfahrung nach Mircos Verschwinden schon freier im Umgang mit unseren Kindern als manche anderen Familien. Viele andere haben sich nicht getraut, ihre Kinder überhaupt noch auf die Straße zu lassen vor lauter Angst. Aber für Reinhard und mich galt von jeher der Grundsatz: Angst ist kein guter Ratgeber.

Wir haben mit den Kindern vor jedem Weg über die Möglichkeit gesprochen, ob man sie begleitet oder nicht. Wenn sie nicht wollten, dass einer von uns mitkommt, haben wir das respektiert. Wir haben uns gesagt: Es hat keinen Zweck, die Kinder über Gebühr verrückt zu machen. Ich habe mich schon gefragt, was die Leute denken, wenn wir unsere Kinder wieder allein durch die Gegend fahren lassen. Doch das hat uns letztlich nicht abgehalten. Das Leben muss weitergehen. Wir mussten lernen, unsere Kinder wieder ein Stück loszulassen, auch wir wussten, dass wir sie nicht ewig von allem abschirmen konnten und durften.

Einfach war das nicht, weder für uns noch für andere Eltern. Noch heute beobachte ich auf dem Schulweg oder Spielplatz Mütter, die ängstlich ihre Kinder im Auge behalten. Viele sagen heute noch: „Ich lasse mein Kind nicht mehr allein draußen spielen!"

Doch mehr als die Angst haben Solidarität und Tatkraft diese Zeit und das Handeln der Menschen in Grefrath bestimmt. Das zeigte sich besonders in den ersten Wochen, als teilweise tausend Polizisten rings um unsere Stadt nach Mirco suchten. Tausend Polizeibeamte in einer kleinen Stadt wie Grefrath, das ist schon eine beeindruckende Zahl. In absoluter Eigeninitiative bauten Grefrather Bürger und Vereine Riesen-Kaffeetafeln auf, damit die Beamten sich wenigstens mal aufwärmen und einen heißen Kaffee trinken konnten. Sie wollten einfach irgendwie mithelfen und das haben sie getan.

Mircos Schicksal hat etwas in unserer Stadt verändert. Die Menschen schauen heute stärker aufeinander, achten mehr als früher auf ihre Mitmenschen. Mir wurde das neu deutlich, als Anfang 2012 in Emden der Mord an einem jungen Mädchen bekannt wurde. „Ganz Emden ist in Aufruhr!", sagte dort eine TV-Moderatorin relativ unbedarft in ihr Mikrofon. „Keiner kann sich vorstellen, wie es den Menschen hier in diesem Ort geht!"

Meine Kollegin, die gerade mit mir arbeitete und diesen Satz hörte, sagte nur: „Doch, wir in Grefrath können uns das vorstellen. Besser, als uns allen lieb ist!"

Kapitel 7

Der Täter wird gefasst

Stunden sind vergangen. Dann Tage. Dann Wochen. Schließlich Monate. Am Ende des Jahres 2010 ist Mirco seit fast vier Monaten verschwunden. Seit 120 Tagen warten wir verzweifelt auf irgendein Zeichen von Mirco oder dem Täter. Ein Zeichen, das uns sagt, ob unser Sohn noch lebt. Ob er tot ist. Was mit ihm wirklich geschehen ist. Wo wir ihn vielleicht finden können.

Die Sonderkommission ist mittlerweile auf 65 Beamte aufgestockt worden. Bisher 13.676 Überstunden haben die Polizisten geleistet, 170 Pfund Kaffee, dazu 288 Päckchen Milch verkonsumiert. Über 8.000 Hinweise haben sie bisher erhalten, die jüngste Hinweisgeberin ist 7 Jahre alt, die älteste 97. Das ist ein historischer Rekord. Noch nie sind bei einem Kriminalfall in Deutschland so viele Hinweise eingegangen wie zu Mircos Verschwinden. Bis zum Abschluss der Ermittlungen wird diese Rekordzahl noch anwachsen – auf insgesamt 9.900 Hinweise.

Die sogenannten „Profiler“ machen sich ein Bild von dem potenziellen Täter. Hinweise darauf hatten sie unter anderem aus ihrer Datenbank gefiltert, mit dem Tatortspuren, Täterverhalten und Tatabläufe analysiert werden können. Dadurch sind Rückschlüsse auf die Täter und deren Motive möglich. Die Idee der Profiler stammt ursprünglich aus Kanada. Mittlerweile werden auch die deutschen Kollegen von der einheimischen Polizei selbst ausgebildet.

Was finden sie durch ihre ersten Analysen heraus? Zwischen

17 – wegen der Möglichkeit, einen Pkw zu fahren – und 80 könne der Täter sein, heißt es, männlich, vielleicht kein Ersttäter. Und wahrscheinlich handelte es sich beim Angriff auf Mirco um eine spontane Tat. Der Mann komme vermutlich aus Grefrath oder Umgebung, weil er offensichtlich über einige Ortskenntnis verfügt. Und er scheint sich ansonsten absolut unauffällig zu verhalten.

Denn noch sind keine entscheidenden Hinweise auf einen solchen Menschen bei der Polizei eingegangen. Noch ist offensichtlich niemandem in und um Grefrath etwas Verdächtiges bei einem Nachbarn, Bekannten, Freund oder Familienmitglied aufgefallen, irgendeine Veränderung oder ungewohnte Verhaltensweisen, die auf eine Vertuschung einer solchen Tat hinweisen könnten.

Die Angst vor dem Täter

Der Gedanke, dass der Täter aus ihrer Mitte kommen könnte, verunsichert die Menschen in Grefrath und der ganzen Region zutiefst. Selbst Versammlungen von Schützen- oder Sportvereinen verlaufen seit Mircos Verschwinden plötzlich anders als in den Jahren davor. „Man beäugt sich, hinter vorgehaltener Hand wird getuschelt", berichtet der Reporter Roland Busch in der Westdeutschen Zeitung. Das Misstrauen, gesät durch eine unfassbare Tat, frisst sich immer tiefer zwischen den Menschen ein, je länger das Rätsel um Mircos Verschwinden ungeklärt bleibt.

Die Polizei ist deshalb dankbar für die Mithilfe aus der Bevölkerung. Sie geht jedem einzelnen Hinweis nach. Die Tipps und Hinweise kommen aus der ganzen Bundesrepublik, aber auch aus Namibia, Polen, den Niederlanden und der Schweiz. Sie kommen per E-Mail, Anruf oder Notizzetteln, die hinter die Scheibenwischer von Polizeifahrzeugen geklebt werden.

Auch Kuriositäten bleiben nicht aus: Ein Seher aus den Anden in Südamerika hat sich gemeldet. Er will Knochen werfen und mit ihrer Hilfe Mircos Aufenthaltsort bestimmen. Über den Vorschlag kann Soko-Leiter Ingo Thiel noch lachen. Was ihm langsam lästig wird, sind die „selbst ernannten Kriminalisten", wie er bissig bemerkt. Die legen ihre eigenen Theorien zurecht, werden vielfach ausfällig – vor allem im Internet. Begünstigt durch die Anonymität des Netzes trauen sich nicht nur Querulanten, sondern manchmal auch richtige Spinner, ihr wenig hilfreiches Gedankengut öffentlich zu machen. So beklagt sich eine Dame über die „täglichen Selbstdarstellungen der Mitarbeiter der Soko, die alle auf verschiedensten Gebieten Experten sind. Wieso gibt es dann immer noch kein Ergebnis?" Mehr „Bescheidenheit" verlangt die Dame. Sie verkennt die bewusst von der Polizei gewählte Öffentlichkeitsstrategie, die dazu dienen soll, den Täter nervös zu machen und zu Fehlern zu verleiten, die auf seine Spur führen können.

Wie tief die Angst der Grefrather vor dem Unbekannten ist, der laut Polizei-Profil ja aus ihrer Mitte kommen soll, zeigen Zuschriften an Zeitungen: „Es ist schlimm genug, was hier passiert ist. Aber wenn dann pauschalierte Verdächtigungen gegen die Grefrather Bürger ausgesprochen werden, dann ist das für mich keine ernsthafte Polizeiarbeit mehr!" Die Polizeiaussagen, so der nervöse Kritiker weiter, ähnelten denen einer Wahrsagerin auf der Kirmes, werden aber von den Beamten als Tatsache dargestellt. „Woher weiß Herr Thiel, dass Mirco nicht längst in Frankfurt, Berlin oder sogar Belgien ist? Hören Sie endlich auf, Unfrieden und Zwietracht in Grefrath zu stiften und konzentrieren Sie sich auf Ihre Arbeit!"

Auch wir als Eltern werden immer wieder zur Zielscheibe von Angriffen aus dem Netz. Doch der Opferschutz schirmt uns auch dagegen ab und nimmt uns aus der Schusslinie. Selbst die

Schwestern der Abtei Mariendonk, in deren Nähe ebenfalls eine Zeit lang nach Mirco gesucht wurde, werden in Schmähbriefen mit kirchenfeindlichen Beleidigungen überschüttet. Sie hatten in der Woche vor Weihnachten das Angebot gemacht, dass der Täter doch einen anonymen Hinweis bei ihnen abgeben solle, um wenigstens über Mircos Schicksal und Aufenthaltsort Aufklärung zu geben. Die Beschimpfungen, die daraufhin die Schwestern erreichen, erschüttern selbst den hartgesottenen Kriminalisten Thiel: „Das ist unter aller Kanone, was da abgegangen ist!"

In Pressekonferenzen versucht Soko-Leiter Thiel immer wieder, die Arbeitsweise der Fahnder für die Bevölkerung zu verdeutlichen. „Das Netz zieht sich enger. Es muss jemanden geben, der den Täter kennt und bei dem mittlerweile ein Verdacht aufkeimt!", sagt Thiel. „Dieser Zeuge soll sich bei uns melden. Ihn wird es geben. Denn eine solche Tat kann kein Mensch, und sei er noch so abgebrüht, einfach abduschen!"

Klappern gehört zum Handwerk

Der Fahnder betont bei seinen öffentlichen Auftritten stets, die Soko sei auf einem sehr guten Weg: „Die Spurenlage ist dermaßen komfortabel, dass es nur eine Frage der Geduld und Sorgfalt ist, bis wir den Täter ermittelt haben. Alle neuen Erkenntnisse, die wir in den letzten Tagen und Wochen erlangt haben, bestätigen unsere Ausgangshypothesen." Thiel weiter: „Wir bleiben mit unserer Soko solange hier, bis in der Region wieder Ruhe eingekehrt ist, weil wir den Täter mitgenommen haben."

Thiels Optimismus stützt sich nicht zuletzt auf die Menschen, die er in der Sonderkommission versammelt hat. Armin Saul zum Beispiel gehört zu den Computerspezialisten, die sich Thiel in die Soko geholt hat. Er ist ein ausgewiesener Fachmann in Sachen

Geo-Informations-Systeme und Massendaten. Saul kommt vom Polizeipräsidium Krefeld und ist zwar kein ausgebildeter Kriminalist, aber er gilt als einer der erfahrensten Computer-Anwender der Polizei in Nordrhein-Westfalen, wenn es um das Erfassen und Filtern riesiger Datenmengen geht. Wie alle bei der Soko ist Saul stolz, dass sein Fachwissen für diesen kniffligen Fall anerkannt und benötigt wird. „In der Soko Mirco werden alle Mitglieder nach ihrem Können beurteilt und nicht nach ihrem Dienstgrad", erklärt Saul einem Reporter. „Das erklärt auch die hohe Motivation der Mannschaft."

Neben Saul gibt es noch weitere Experten, wie den Duisburger Thomas Biermann. Der 40 Jahre alte Kriminaloberkommissar ist eigentlich zuständig für Delikte im Bereich Raub und Erpressung. Aufgrund seiner besonderen PC-Kenntnisse hilft er der Soko Mirco jetzt bei der Aufbereitung der Datenbanken. Nach ein paar Stunden in der Soko ist ihm klar: Hier wird erstklassige Arbeit geleistet. „Jetzt kann ich nachvollziehen, woher der Optimismus von Soko-Leiter Thiel stammt!", gibt Biermann in einem Interview zu Protokoll.

Optimismus braucht Ingo Thiel tatsächlich. Denn seine Spurenlage ist ja von Beginn an denkbar schlecht – angefangen von den unglücklicherweise beiseite geschafften und gereinigten Indizien bis hin zum spurlosen Verschwinden von Mirco: „Es gab in diesem Fall, so makaber es klingt, keine Leiche", sagt Thiel. „Das macht eine Untersuchung schwieriger, denn eine Leiche ist in einem solchen Fall stets der Spurenträger Nummer eins. Wir mussten dementsprechend bei null anfangen!"

Ein Autokenner als Glücksfall

Neben allen Problemen hat die Soko auch manchmal Glück. Einer der ersten Zeugen ist so ein Glücksfall. Er führt die Ermittler letztlich auf die Spur des Täters und macht – nach unendlicher detektivischer Kleinarbeit – seine Festnahme möglich.

Gleich am Sonntagabend nach Mircos Verschwinden hatte dieser Zeuge ein Auto in ungewöhnlicher Weise in einem Feldweg an der Mühlhausener Straße parken sehen. Ungewöhnlich deshalb, weil an dieser Stelle sonst niemand parkt oder hält.

„Das macht da offensichtlich keiner, das haben uns die Bürger, die dort wohnen und des Öfteren dort vorbeifahren oder vorbeigehen, bestätigt", erzählt Ingo Thiel. Der Zeuge fuhr an dem Abend an dieser Stelle vorbei – so langsam, dass er die Rücklichter des Autos ganz genau sehen konnte. Dieser Zeuge hat professionell mit Autos zu tun und erkannte anhand der Rücklichter sofort, dass es sich bei dem Auto um einen VW Passat handelte. Er wusste sogar, welcher Baureihe der zuzuordnen sein müsste, nämlich der B6 – und damit waren auch die Baujahre eingegrenzt, in denen dieses Auto hergestellt worden sein konnte.

Die Polizei hat noch mehr Glück: Ein zweiter Zeuge, der an der Ecke wohnt, kam ebenfalls an dem Abend von Mircos Verschwinden gegen 21:15 Uhr nach Hause. Auch er sah ein Auto an besagter ungewöhnlicher Stelle stehen. So erhält die Polizei mehr Sicherheit: An dieser Beobachtung muss was dran sein.

Sicherheit braucht sie. Denn wenn die Polizei einen groß angelegten Suchbefehl nach einem bestimmten Autotyp startet, darf sie sich auf keinen Fall einen Fehlgriff erlauben. Also testen die Polizisten den Hauptzeugen auf Herz und Nieren: Aus welchem Winkel hat er die Beobachtung gemacht? Kann er wirklich unterschiedliche Autotypen allein anhand der Rücklichter so genau bestimmen? Kann der Zeuge aus dieser Entfernung in der schon angebrochenen Dunkelheit und bei der Geschwindigkeit, mit der er an der Einmündung vorbeifuhr, überhaupt eine so detaillierte Beobachtung wie die der Rücklichter machen?

Dazu lässt die Soko verschiedene Fahrzeugtypen an exakt dieser Stelle bei ähnlichen Lichtverhältnissen abstellen, fährt den Hauptzeugen immer wieder in einer vergleichbaren Situation an der Einmündung vorbei. Doch was die Polizisten auch testen, welche Autos sie auch abstellen: Ihr Zeuge erweist sich als glänzender Beobachter. In allen Tests erweist sich, dass er und auch der zweite Zeuge alle Fahrzeuge treffsicher auseinanderhalten können.

„Unser Ziel war, festzustellen, ob der Zeuge im kriminalistischen Sinne sauber, das heißt absolut glaubwürdig ist, ob er wirklich sicher ist, das so genau unterscheiden zu können“, sagt Ingo Thiel. „Wir haben verdammt genau getestet und uns insgesamt sieben Wochen Zeit gelassen, bis wir mit dieser Information nach draußen gegangen sind.“ Der Grund ist klar: „Wenn Sie nämlich einmal draußen sagen, Sie suchen einen Passat, und es ist in Wirklichkeit ein Mazda 6, dann kriegen Sie nie wieder einen brauchbaren Hinweis aus der Bevölkerung!“

27 Abdrücke pro Fahrzeug

Dann beginnen die Mühen der Kleinarbeit. Insgesamt sind aus der Baureihe, die untersucht werden muss, 105.000 Fahrzeuge in Deutschland zugelassen. Der Passat ist ein typisches Vertreterauto und sehr beliebt. Der Volkswagen-Konzern unterstützt die Polizisten tatkräftig, indem er seine Datenbank öffnet und somit die Möglichkeit schafft, alle Fahrzeuge in die Untersuchung mit einzubeziehen, auch die, die kein Grefrather Kennzeichen haben. „Das hat uns sehr geholfen“, sagt Thiel, „denn natürlich könnte es als Dienstwagen auch ein Auto mit einem auswärtigen Kennzeichen sein, das von einem Ortskundigen gefahren wurde!“

Neben den Datenbanken nutzt die Soko alle nur erdenklichen Möglichkeiten, Autos des Typs Passat B6 zu erfassen. „Jeder Kollege, der rausgefahren ist, hat sich alle möglichen Kennzeichen von diesem Wagentyp notiert“, erinnert sich Thiel. Radarfallen, die aufgestellt werden, registrieren jeden Passat, der vorbeikommt. In Grefrath und Umgebung beginnt unbemerkt von der Öffentlichkeit eine weiträumige Kennzeichenerfassung. Und sogar Kinder schwärmen auf eigene Faust aus und helfen dabei, Kennzeichen der infrage kommenden Autos zu erfassen.

Sind die Autos registriert, beginnt der zweite Schritt: Eine kriminaltechnische Untersuchung erfordert 27 Klebe-Abdrücke pro Fahrzeug, um wirklich alle Fasern aus allen Ecken zu sichern. In den nächsten Monaten kleben die Kollegen von der Spurensicherung der Soko insgesamt 2.500 Fahrzeuge ab, erstellen also weit über 60.000 Klebeproben von möglichen Faserresten. Sie alle müssen einzeln untersucht und akribisch mit den Spuren verglichen werden, die von Mirco und seiner Kleidung stammen könnten.

Das Netz zieht sich zusammen

Manche Fahndungserfolge kündigen sich harmlos an. Einer der unterschiedlichen Zugänge, die die Polizei wählt, um verdächtige Fahrzeuge zu identifizieren und an alle in Frage kommenden Wagen heranzukommen, ist der Weg über Knöllchen, also Verkehrsverstöße. „Wir haben Verkehrsverstöße im Kreis Viersen ausgewertet und uns gefragt: Wer ist da in dieser Zeit und vorher, vielleicht sogar regelmäßig, mit einem der Wagen, die in Betracht kamen, herumgefahren und aufgefallen?“, erzählt Ingo

Thiel. „Unser ‚Datenwurm'-Kollege Armin Saul schoss daraufhin großzügig über 100.000 Passats in die Maschine ein und ließ den Computer rattern!"

Am Ende stößt der Datenanalytiker Saul auf ein Fahrzeug, das ihn stutzig macht: Er habe da einen Passat mit einem Kennzeichen aus Münster, mit dem in Grefrath ein Verkehrsverstoß begangen worden sei, berichtet er. Doch das Auto sei mittlerweile verkauft, da der Leasing-Vertrag abgelaufen gewesen sei.

„Wo ist das Auto jetzt?", ist die nächste Frage. Der Wagen ist von einem Russen gekauft worden. Es ist ein silberner Passat Kombi, ein Dienstfahrzeug, das von der *Deutsche Telekom T-Fleet Flottenverwaltung* gemanagt wurde. Die Fahnder kriegen heraus, dass der Russe das Fahrzeug mittlerweile in Luxemburg stationiert hat. Doch an das Auto kommen sie ohne Rechtshilfeersuchen nicht einfach heran.

Neues Pech für die Fahnder: Der Russe, dem das Auto gehört, macht gerade Urlaub auf Bali. Ja, das Auto habe er mit nach Frankfurt genommen, von wo er geflogen ist, erzählt eine Kontaktperson in Luxemburg, es stehe aber nicht am Flughafen, sondern irgendwo in der Stadt – wo, sei nicht bekannt. Thiel will unbedingt wissen, welche Spuren das Auto trägt. Doch der Ermittler muss seine Ungeduld zügeln. Es hat keinen Sinn, unter Tausenden von geparkten Autos in der Frankfurter Innenstadt die Stecknadel im Heuhaufen zu suchen. Er muss warten, bis der Halter wieder aus dem Urlaub zurück ist.

Eine Woche später ist es soweit. Sonntagnachts kommt der aktuelle Besitzer des Passat aus Bali zurück und kann nun endlich persönlich kontaktiert werden. Er zeigt sich hilfsbereit, kommt am Montagmorgen mit dem Fahrzeug über die Grenze, damit die Spurensicherung die 27 Klebeproben nehmen kann. Das erspart den Fahndern eine Menge Papierkram mit den Luxemburger Behörden – denn die grenzüberschreitende Zusammenarbeit ist, genauso wie der Begriff „offene Polizeigrenzen", für die Beamten im Einsatz eher Wunsch als Wirklichkeit.

Eine Angestellte fliegt in die Luft

Thiel lässt seine Spurensicherer das Auto untersuchen – es wird abgeklebt, die Proben werden ins Kriminaltechnische Untersuchungslabor nach Düsseldorf gebracht. Dann die Enttäuschung: Nach den ersten Untersuchungen lassen die Wissenschaftler verlauten, dass keine Spuren von Mirco zu finden seien. Doch eine Labormitarbeiterin lässt nicht locker. Sie sagt zu Thiel: „Wir gehen da noch mal ran!" Am gleichen Nachmittag gegen 16:00 Uhr steht sie vor ihrem Chef und sagt: „Ruf den Thiel an!"

Beim Soko-Leiter klingelt danach das Telefon. Die Nachricht, die er erhält, besteht aus vier Wörtern: „Das ist euer Auto!"

Noch am gleichen Nachmittag lassen Thiel und der Chef des Kriminaltechnischen Untersuchungsamts die hartnäckige Laborangestellte, die die Spur doch noch gefunden hat, vor Freude hochleben und werfen sie gemeinsam in die Luft.

Mit dem Ergebnis in der Tasche fährt Thiel zurück nach Dülken. Telefonisch verdonnert er alle Kollegen dazu, an diesem Abend unbedingt im Lagezentrum zu bleiben. Es knistert. Alle ahnen, dass etwas im Gange ist. Dass irgendeine Sensation in der Luft liegt.

Thiel bleibt ganz ruhig. Er bittet seinen „Datenwurm"-Kollegen, der die Knöllchen-Spur erfolgreich bis zum Ende verfolgt hat, das Ergebnis dieser Recherche der Mannschaft persönlich mitzuteilen. Schließlich soll derjenige, der am meisten dazu beigetragen hat, heute im Rampenlicht stehen. Die Beamten versammeln sich gespannt. Dann endlich die erlösenden Worte aus dem Munde ihres Kollegen: *Wir haben das Täterfahrzeug!* Die Wirkung auf die hartgesottenen Kriminalbeamten beschreibt Thiel schlicht so: „Die ganze Mannschaft stand da und alle heulten wie die Schlosshunde!“

Wie geht es jetzt weiter? Rasch aufbrechen, den Täter noch heute Abend stellen? Denn mit der Identifizierung des Fahrzeugs ist ja gleichzeitig klar, wer zur Zeit des Verschwindens von Mirco der Halter gewesen ist. Name, Adresse, Familienstand, Beruf … es ist Olaf H., ein Vater von vier Kindern.

Doch Thiel sagt sich: *Bis wir den Durchsuchungsbeschluss haben und die ganzen Formalitäten erledigt sind, vergehen noch Stunden. Dann kommen wir in die Nacht. Und dann ist es doppelt schwierig, Mirco noch zu finden, falls der Täter sich entscheidet zu reden.* Andererseits: Der Täter kann den Kriminalbeamten nicht mehr entkommen. Thiel entscheidet: „Den holen wir uns ganz in Ruhe morgen früh, sodass wir den ganzen Tag Zeit haben!“

Jetzt gilt es erst mal, etwas ganz anderes zu tun. Thiel lässt ein paar Kästen Bier holen, dann stößt die Soko Mirco auf ihren Erfolg an. Und schmiedet einen Schlachtplan: Keiner darf zu Hause erzählen, was die Soko seit heute weiß. Als Alibi wird vereinbart, dass man den Geburtstag eines Kollegen gefeiert habe. Alle halten dicht. Auch Thiel. Kein Wort kommt ihm über die Lippen.

Doch nutzt er die Nacht, um den Zugriff auf den mutmaßlichen Täter vorzubereiten. Die Polizei hat für solche Fälle verschiedene Vorgehensweisen im Repertoire. Für mutmaßlich gefährliche Täter, bei deren Verhaftung Widerstand zu erwarten ist, werden gern Beamte des Sondereinsatzkommandos SEK eingeschaltet.

Auch Thiel steht vor dieser Frage, zumal ein guter Freund von ihm dort Einsatzleiter ist: *Wollen wir das SEK einschalten? Brauchen wir das?* Schließlich fällt Thiel seine Entscheidung gegen den Einsatz der Elitetruppe. Denn die Jungs vom SEK gelten als außerordentlich wenig zimperlich, was sie auch sein müssen bei der Gefährdung, der sie sich aussetzen. Der Soko-Leiter will jedoch nicht nur den Täter schnappen, sondern vor allem Hinweise darauf bekommen, was mit Mirco geschehen ist. Wo man ihn finden kann. Dafür kann er keinen Täter gebrauchen, der vom SEK beim geringsten Anzeichen von Widerstand erst mal außer Gefecht gesetzt wurde. Thiel: „Der Typ musste uns ja noch erzählen können, wo der Junge war!"

„Hallo, Herr Nachbar!"

Die Soko bedient sich also eines anderen Vorgehens: Einer ihrer Polizeikollegen wohnt in der Nachbarschaft des mutmaßlichen Täters, hat den Mann sogar schon ein paar Mal auf Nachbarschaftstreffen gesehen. Diesen Kollegen will Thiel als Lockvogel einsetzen.

Am nächsten Morgen gegen 6:30 Uhr klingelt der „Nachbar" in Zivil an der Haustür von Olaf H. Der Mann erkennt seinen Nachbarn und öffnet. Sofort schieben ein halbes Dutzend Polizeibeamte den freundlichen Herrn, der geklingelt hat, beiseite und ergreifen den Tatverdächtigen, ohne großes Aufsehen zu erregen. Die Frau des Verdächtigen ist ebenfalls zu Hause sowie sein 17-jähriger Sohn und die kleine Tochter.

Die Beamten stellen sich vor: „Wir sind von der Soko Mirco." Handschellen klicken. Olaf H. äußert noch den Wunsch, sich die Haare zu kämmen. Der wird ihm gewährt. Danach verfrachten ihn zwei Polizisten in einen Wagen und bringen ihn nach Mönchengladbach ins Polizeipräsidium. Die Frau des Tatverdächtigen wird sofort verhört, genauso wie der ältere Sohn und die Nachbarn.

„Ein absolut unauffälliger Typ!“

Olaf H. entpuppt sich als Volltreffer. Auch was die Verhaltensmuster und das schon früh von der Polizei herausgegebene Profil des mutmaßlichen Täters angeht. Die Beschreibung passt wie die Faust aufs Auge: Olaf H. ist der Mensch, den die Profiler schon kurz nach dem Verschwinden von Mirco entworfen hatten: ein penibler, angepasster, bürgerlicher Typ, der völlig unauffällig lebt, einem gewöhnlichen Beruf nachgeht, ein Allerweltsauto fährt, hier in der Region lebt, sich auskennt auf den Straßen in und um Grefrath und offensichtlich zum ersten Mal mit dieser Tat auffällig geworden ist. Ein netter Kerl, ein fürsorglicher Vater, jemand, der nie einer Fliege etwas zuleide tut, der als Kumpel beliebt ist in der Nachbarschaft und bei gemeinschaftlichen Festen gerne die Grillwürstchen auf den Rost legt. Das ist Olaf H.

Reinhard: Für uns als Eltern gewinnt die bisher gesichtslose, anonyme Vorstellung davon, was für ein Mensch unseren Mirco verschleppt haben könnte, in dem Moment, als wir die ersten Einzelheiten über den Täter erzählt bekommen, plötzlich ein Gesicht. Die Unauffälligkeit dieses Mannes ist genau die Tarnung, die die Soko unbedingt sprengen wollte. Deshalb hat sie immer wieder die Menschen in und um Grefrath gefragt: „Kennen Sie jemanden, auf den die Beschreibung passt und der sich irgendwie seltsam verhält? Der am 3. September 2010 um die Tatzeit unterwegs war? Der irgendwie auffällig anders ist, plötzlich Umwege fährt, seine Gewohnheiten irgendwie umgestellt hat, vielleicht trinkt, nicht mehr vor die Tür geht oder vielleicht ein besonderes Interesse am Fall Mirco zeigt?“ Alles das konnten ja Indizien sein, wenn auch längst noch keine Beweise.

Jetzt zeigt sich, welche hervorragende Arbeit die Soko und ihr Boss hingelegt haben. Um 7:00 Uhr wird Olaf H. zur Vernehmung nach Mönchengladbach gebracht. Ein paar Stunden später packt er aus. Bis um 12:00 Uhr gibt er den Kriminalbeamten eine erste Fassung dessen zu Protokoll, was am Abend des 3. September 2010 in Grefrath zwischen ihm und Mirco geschehen sein soll. Zahlreiche weitere Fassungen werden folgen, einige davon kruder, als es sich selbst so hartgesottene Fahnder wie Thiel und seine Soko bislang vorstellen konnten.

Endlich weiß der Fahnder, was mit Mirco geschehen ist. Und wo Mircos Leiche abgelegt worden ist.

„Wir bringen euch euer Kind nach Hause!“

Zusammen mit dem Erkennungsdienst wird Olaf H. zu der Stelle gefahren, die er angegeben hat. Mircos Körper – oder das, was nach 145 Tagen noch von ihm übrig geblieben ist – liegt an einem abgelegenen Wegrand in einem Wald, bedeckt mit Laub und Zweigen.

Als Thiel am Fundort steht, erlebt er einen denkwürdigen Moment: „An dem Ort, an dem wir Mirco fanden, gab es für mich einen komischen Augenblick, in dem meine Gefühle Achterbahn fuhren. Der Typ, der das angerichtet hatte, war mir in diesem Augenblick völlig egal. *Der hat mehr als einen Schaden.* Ich dachte an den Jungen, an seine Eltern und Geschwister, und ich war traurig. Aber es wurde auch eine tiefe Erleichterung für mich spürbar, als fiele ein Zentner Stein von meinem Herzen ab – wir von der Soko Mirco haben unser Versprechen gehalten: Wir bringen euch euren Jungen nach Hause!“

Sandra: Schon 14 Tage nach dem Verschwinden von Mirco hatte Kommissar Thiel ja mit uns sehr offen darüber gesprochen, wie klein die Chance war, unseren Sohn lebend wieder zu sehen. Uns war seit diesem Zeitpunkt irgendwie klar, dass ihn die Polizei nach einer so langen Zeit nicht mehr lebend nach Hause bringen kann. Aber unser Unterbewusstsein wollte diese Endgültigkeit einfach nicht wahrhaben.

Nicht bis zu diesem 145. Tag. Denn die Hoffnung stirbt wirklich zuletzt.

Kapitel 8

Abschied von Mirco

Reinhard: Die Verhaftung des mutmaßlichen Täters Olaf H. bleibt nicht lange geheim. Erste Informationen dringen bald nach der Verhaftung an die Presse. Die Nachricht verbreitet sich wie ein Lauffeuer. Am Anfang spricht die Polizei noch von einem „Tagesverdächtigen" – das kann auch einfach ein Zeuge sein, der etwas genauer unter die Lupe genommen wird. Dann aber wird Olaf H. zum „dringend der Tat Verdächtigen", schließlich ist nur noch vom „mutmaßlichen Täter" die Rede. Das alles geschieht innerhalb von Stunden.

Sandra und ich werden von der Sonderkommission persönlich über die Verhaftung informiert. Herr S. vom Opferschutz kommt zu uns, als der Täter gefasst ist und die Tat gestanden hat. Unsere Familie und unser geistlicher Beistand Roman Siewert sind an unserer Seite, als wir die Nachricht aufzunehmen versuchen. Herr S. sagt uns etwas, was wir im Innersten lange wissen, aber jetzt doch ganz neu buchstabieren müssen: „Wir haben Mirco in einem Waldstück vierzehn Kilometer von Grefrath entfernt gefunden. Er ist tot."

Mirco ist tot.

Die Nachricht verschwimmt bei Sandra und mir in unendlichen Tränen.

Unser Gebet war immer, dass uns der Täter bitte wenigstens wissen lassen möge, wo unser Mirco ist. Und wirklich führt Olaf H. die Soko am Tag seiner Verhaftung zu unserem Kind. Es mag merkwürdig klingen, aber wir sind dankbar dafür. Denn erst ab diesem Moment können wir ja beginnen, unter die Zeit der Angst, der Verzweiflung, des Bangens, Hoffens und Wartens einen Schlussstrich zu ziehen.

Mit der Nachricht, die uns Herr S. überbringt, beginnt für unsere ganze Familie eine neue Phase der Verarbeitung.

Jetzt ist es endgültig: Mirco kommt nicht mehr nach Hause. Nie mehr. Er ist längst in seinem himmlischen Zuhause.

In der Bibel wird der Himmel als ein Ort beschrieben, an dem es keine Tränen, kein Leid und keine Traurigkeit gibt. Ein Ort, an dem wir ganz nah bei Gott sind und vollkommene Freude erleben. Vielleicht gibt es ja dort oben den perfekten Traktor, der ohne Sprit funktioniert? Und vermutlich gibt es keine Hausaufgaben, die Mirco nicht gerade geliebt hat. Wie es auch immer genau dort sein wird, in einem sind wir sicher: Es ist hundertmal schöner als alles, was wir uns überhaupt vorstellen können.

Dieses Wissen tröstet uns. Wir können uns jetzt auf ein Wiedersehen mit ihm freuen.

Zwischen Entsetzen und Erleichterung

Sandra: Die Nachricht von der Verhaftung des möglichen Täters bringt das ganze Städtchen Grefrath auf die Beine. Denn monatelang stand die Gemeinde wie unter Strom. Die Ungewissheit über das Schicksal von Mirco, der Verdacht, ein Mensch aus der Nachbarschaft könne der gesuchte Täter sein, die Vorstellung, dass dasselbe noch einmal geschehen könnte; all das hatte viele Menschen hier misstrauisch und mürbe gemacht.

Mircos Verschwinden hat unser Städtchen verändert. Zwischenzeitlich ist die Wolke von Nervosität und Verdächtigungen geradezu mit der Hand zu greifen. Viele Grefrather berichten in Zeitungsinterviews immer wieder, wie gereizt die Stimmung in den Monaten der Suche gewesen sei.

Das bekommen auch wir zu spüren. So spreche ich eines Tages auf dem Weg zur Schule mit einer Mutter, die mich nicht kennt und offensichtlich auch nicht weiß, wer ich bin. Sie regt sich sehr auf, ist entsetzt darüber, wie „diese Eltern des Jungen ihn" – natürlich Mirco – „einfach abends allein mit dem Fahrrad nach Hause fahren lassen haben. Ach, und dann ist die Mutter ja auch noch einfach schlafen gegangen, das geht ja gar nicht ..."

Unsere Jüngste, Judith, geht während des Gesprächs an meiner Seite. Sie schaut mich nur kurz an. Die Frau wird plötzlich unruhig und fragt: „Was ist denn? Sind Sie etwa ...?"

Ich antworte nur: „Ja, ich bin die Mama von Mirco." Die Dame entschuldigt sich mehrfach und redet plötzlich ganz anders.

Das ist kein Einzelfall. Oft erfahren wir von falschen Behauptungen, die von Menschen angestellt werden, die uns gar nicht kennen. Viele, die ungeprüfte Geschichten über unsere Familie erzählen, schieben uns in eine Schublade, die mit der Realität nicht viel zu tun hat. Dazu gehören Aussagen wie die, dass Mirco angeblich einen Irokesenschnitt trug und auf der Skateranlage verschwunden sein soll – was beides nicht stimmt. In den 145 Tagen der Unsicherheit über Mircos Schicksal werden in und um Grefrath die irrsten Sachen in Umlauf gebracht, bis hin zu der Behauptung, Mirco sei gar nicht unser leibliches Kind. Wir müssen lernen, uns nicht mit diesen Dingen zu belasten, sie am besten zu ignorieren. Wir wissen ja, was wirklich geschehen ist, und es ist wohl einfach so, dass die allgemeine Nervosität, die die Stadt während der Nerven zerreißenden Suche angesteckt hat, irgendein Ventil braucht, das eben auch solche seltsamen Auswüchse beinhaltet.

Nach der Ergreifung des Täters ist in Grefrath eine Mischung aus Trauer und Erleichterung zu spüren. Trauer über die grausame Gewissheit, dass Mirco nicht wieder zurückkommen wird. Aber auch Erleichterung, dass der Täter nicht aus unserem Städtchen stammt und jetzt keinen weiteren Schaden mehr anrichten kann. Von „riesengroßer Erleichterung“ sprechen die Menschen, von ihrer Dankbarkeit, dass der Täter nun endlich nicht mehr frei herumläuft. „Gott sei Dank, nun ist endlich Schluss mit dieser Ungewissheit“, so der allgemeine Tenor. Grefrath sehnt sich nach Normalität.

Reinhard: Entsetzen breitet sich dagegen mit der Nachricht der Verhaftung von Olaf H. in seinem Wohnort Ungerath aus. „Es war wie der Zusammenbruch einer heilen Welt“, beschreibt der Bürgermeister von Schwalmtal seine Empfindungen in einem Interview, das wir später lesen. Der Mann, der die unbegreifliche Tat begangen haben soll, ist einer aus ihrer Mitte – einer Nachbarschaftsidylle, wie sie im Buche steht. Vierfacher Vater, hilfsbereiter Nachbar. Wir erfahren, dass er in Korschenbroich geboren wurde, lange in Mönchengladbach gelebt hat und seit vier Jahren in dem Einfamilienhaus in Ungerath wohnt.

Da ist so etwas wie Ironie im Spiel: Ingo Thiel wohnt gerade einmal drei Kilometer vom Haus des Täters entfernt. Und der Nachbar von Olaf H., der bei seiner Verhaftung vorgeschoben wurde, ist als Polizeibeamter selbst durch die Maisfelder um Grefrath gelaufen, um unseren Sohn zu suchen. Selbst ihm, dem Profi, ist in den ganzen Tagen der Suche keine Veränderung im Verhalten seines Nachbarn aufgefallen. So perfekt war die Maske, die der Täter trotz der Tat trug. Niemandem ist nach der Tat irgendetwas Ungewöhnliches an Olaf H. oder seinem Verhalten aufgefallen. Nicht einmal seinen Kindern, nicht einmal seiner Frau. Unvorstellbar! Kein Mensch kann verstehen, was da geschehen ist.

Wir sind nicht allein

Sandra: Der Rat der Polizisten, Grefrath kurzfristig zu verlassen, hilft uns sehr. Pastor Roman Siewert hat uns in einem Erholungsheim in Norddeich untergebracht. Meer, Wind, Wellen, Sand, stundenlange Spaziergänge. Niemand, der uns anspricht, niemand, der uns interviewen will. Das tut gut.

Unsere Gedanken kreisen um das, was uns die Polizisten mitgeteilt haben. Dennoch versuchen wir, uns nicht irgendwelche Szenen konkret auszumalen. Denn es ist auch so heftig genug, was in Reinhard und mir während dieser Auszeit arbeitet.

Einmal sitze ich einfach nur da, denke an unseren Jungen und kann mich auf einmal ganz neu in Maria hineinversetzen, die Mutter von Jesus, die bei seiner Kreuzigung auf Golgatha hilflos mit ansehen musste, wie ihr Sohn starb. Ich sage zu Reinhard: „Wir haben unser eigenes Golgatha erlebt – und zwar live!"

Am Donnerstag nach der Verhaftung, es ist der 3. Februar 2011, versammelt sich Grefrath zum Gedenkgottesdienst für Mirco in der Laurentius-Kirche. 600 Menschen drängen sich im Kirchenschiff, weitere 600 verfolgen die Trauerfeier auf dem Marktplatz nebenan über eine Leinwand. Vier Kameras des WDR übertragen den Trauergottesdienst – nicht nur nach draußen auf den Platz, sondern auch als Livestream ins Internet. Alle stehen zusammen, katholische, evangelische und freikirchliche Christen, es ist ganz egal: Die Unterschiede zwischen den Konfessionen sind angesichts dieses Anlasses unwichtig geworden.

Reinhard und ich nehmen am Gedenkgottesdienst nicht teil, da wir noch die Beerdigung vorbereiten. Die komplette Soko Mirco ist geschlossen in die Kirche gekommen. Unser Bürgermeister Manfred Lommetz bedankt sich ausdrücklich bei den Polizisten, wie es auch die insgesamt sechs Geistlichen aus Grefrath und Schwalmtal tun. Der katholische Pfarrer Johannes Quadflieg erinnert an etwas, das uns sehr wichtig ist und uns noch lange Zeit beschäftigen wird: Er ermahnt die Trauergemeinde, „nicht Böses mit Bösem zu vergelten". Sein evangelischer Amtsbruder Hartmut Boecker betet für die Polizisten. Pastor Norbert Selent aus unserer Gemeinde in Krefeld schließlich tut etwas sehr Mutiges. In seinem Gebet sagt er: „Für Olaf H. selbst wollen wir dich bitten, mach ganz, mach heil, was zerbrochen ist!"

Freunde berichten uns, dass man an dieser Stelle eine Stecknadel in der Kirche hätte fallen hören können. Für Mirco und seine Familie wird jedes Gebet von den Anwesenden gern mitgetragen. Aber für den Täter?

Wir möchten das gern. Denn auch wir beten für den Täter.

1.200 Menschen allein in Grefrath, unzählige an den Internet-Bildschirmen fühlen mit Mirco und uns. Und sie bekommen auch gleichzeitig etwas zurück. „In der Welt habt ihr Angst, aber seid getrost, ich habe die Welt überwunden!" – unter diesen Satz von Jesus stellt Präses Siewert seine Predigt, die die Menschen eint.

Ja, die Angst. Sie hat jeden hier beschäftigt, 145 Tage lang, und nicht mehr losgelassen. Bis jetzt.

Präses Siewert knüpft an diesen Punkt an und findet genau die richtigen Worte: „Die Welt kann einem Angst machen. Das Leben wird von Ängsten begleitet", sagt er. Und dann kommt der Satz, der Reinhard und mir so wichtig ist: „Jesus Christus ist ein Angstbrecher! Wer sich auf ihn einlassen kann, ist niemals verlassen!"

Auf unsere Bitte verliest Roman Siewert einen Brief, den Reinhard und ich extra für diesen Gottesdienst verfasst haben. Unser Mirco soll noch einmal lebendig werden in der Erinnerung der Stadt, in die er hineingeboren wurde und in der er 10 glückliche Jahre verbracht hat. Dieser Brief lautet:

Liebe Grefrather Bürger, liebe Klasse 6a der Gemeinschaftsschule Grefrath und liebe Sonderkommission Mirco,
unser Mirco – freundlich, lebenslustig, immer ein Lächeln auf den Lippen, freiheitsliebend, eigensinnig, Rhythmus im Blut – es blieb beim Essen kein Besteck liegen, sondern wurde zum Schlagzeug umfunktioniert. Kleiner Schelm und guter Versteckkünstler, Klettern fand er super.

Er war unser Clown und unsere Sportskanone. Egal welcher Sport, ob Fußball, Reiten, Eisschnelllauf, er war einfach top. Mit seinem Fahrrad und seinen Freunden Touren unternehmen war sein Ding. Am liebsten wurde die Freizeit auf verschiedenen Bauernhöfen verbracht. Er war gerne an der frischen Luft und wenn er groß sein würde, wollte er Bauer werden.

So manch einen hat er auch auf die Palme bringen können mit seinem stark ausgeprägten Gerechtigkeitssinn. Mirco war etwas Besonderes; manchmal haben wir selbst ihn nicht verstanden. In der Schule haben wir manche Höhen und Tiefen durchlebt, manche Lehrerin kann ein Lied davon singen. Trotz allem, wir haben ihn total lieb und ganz, ganz viele von Euch und Ihnen haben ihre eigene Geschichte mit Mirco geschrieben, Mirco auf verschiedene Weise kennengelernt. Zuletzt lächelte er sich mit dem Fahndungsbild in viele Herzen und bewegte einen ganzen Ort, ein ganzes Land und sogar die Welt. Unfassbar! Er hat ein Stück Geschichte geschrieben.

Für uns ist es unbegreiflich, dass ein Kind sein Leben lassen musste wegen einem gestressten Familienvater. Denn eigentlich hat Jesus unsere Last doch schon am Kreuz getragen.

Es tut weh, seinen Sohn, Bruder, Enkel, Neffe, Cousin, Freund und Kumpel oder lieben Nachbarsjungen zu verlieren. Aber wir freuen uns schon auf ein Wiedersehen im Himmel – mit Mirco.

Wir wünschen Ihnen allen viel Trost und einen wohltuenden Gottesdienst. Danke, dass Ihr immer in Gedanken und Gebeten bei uns wart. Wir danken Gott, dass er uns getragen hat und auch weiter tragen wird durch diese schweren Tage und die kommenden.

Danke auch unserem Super-Soko-Mirco-Team. Ihr habt fantastische Arbeit geleistet und wir durften uns von Anfang an in guten Händen wissen. Für die tolle Rücksichtnahme und das Schweigen am Anfang möchten wir unseren Nachbarn und den Grefrather Bürgern danken. Toll fanden wir auch die Beköstigung des Suchtrupps. Es gäbe noch so vieles – aber jetzt wünschen wir Gottes Segen und Frieden für die Grefrather Bevölkerung!

Ganz liebe Grüße
Ihre Familie Schlitter

Reinhard und ich haben für diesen Brief allen Mut zusammengenommen, um von unserem Sohn zu erzählen. Manche Menschen weinen, andere fassen sich bei den Händen. Sie wollen spüren: Wir sind nicht allein. Und das ist auch genau das Gefühl, was sie uns vermitteln. Wir sind dankbar dafür.

Es gibt noch eine Überraschung: Alex, Julia und Judith haben zusammen mit ihren Cousins und Cousinen für Mircos Klassenkameraden aus der Klasse 6a ein Plakat gebastelt. Auf dem steht in großen Lettern: „Danke, dass ihr Mirco nicht vergessen habt!" Roman Siewert überreicht es zwei Schülern aus Mircos Klasse mit dem Wunsch, dass sie und alle anderen Kinder und Erwachsenen die Angst hinter sich lassen können: „Gebt nicht auf. Gestaltet euer Leben, verliert nicht euer Vertrauen!", sagt er, als er ihnen das Plakat in die Hand drückt.

Vor der Kirche steht eine große Holztafel mit einem Foto von Mirco. Davor stehen Kerzen und eine Tafel mit dem Text: „Das Warum bleibt!" Ja, es wird für uns Menschen immer bleiben. Für die Menschen. Nicht für Gott.

Beileid aus dem Internet

Schon wenige Tage nach der Verhaftung des Täters und dem Bekanntwerden von Mircos Tod hat das Internet-Kondolenzbuch für Mirco weit mehr als 1.000 Einträge. Viele der Schreiber möchten uns Kraft und Mut vermitteln, oft mit wunderbaren Sätzen: „Der Tod kann uns einen lieben Menschen nehmen, aber nicht die Liebe und die Erinnerung an ihn. Deshalb wünsche ich Ihnen jetzt ganz viel Kraft für die nächste Zeit. Eine ganze Nation trauert mit Ihnen, aber eines ist sicher: Mirco ist jetzt in sicheren Händen!“

Ein anderer Eintrag lautet: „Es tut mir im Herzen weh, dass Ihr Mirco so früh gehen musste. Ich bin fest davon überzeugt, dass Sie sich im Himmel wiedersehen werden. Ich wünsche Ihnen weiterhin viel Kraft!“

Am Parkplatz an der Hinsbecker Straße, an dem zu Beginn der Suche Mircos Hose gefunden wurde, legen viele, viele Menschen Briefe, Stofftiere, Spielsachen und Kerzen ab. Ein Meer von Blumen und Grablichtern, vor dem junge wie alte Menschen einfach eine Weile stehen bleiben, verharren, ein Gebet sprechen, einen Brief hinterlassen. In Mircos Schule wird ein Trauerraum eingerichtet, der in den Pausen stark besucht wird.

Post erreicht uns aus der halben Welt: Briefe, Karten, Mails voller Anteilnahme und Wärme. Schon nach Mircos Verschwinden hatten wir ja einige Wochen lang quer durch unser Wohnzimmer eine Happy-Birthday-Leine gespannt, an der wir viele solcher Karten und Briefe aufgehängt hatten. Es tut gut, buchstäblich jeden Tag mit eigenen Augen zu sehen, wie viele Menschen auf so tiefgehende Weise an unseren Sohn und an unsere Familie denken. Wie gern würden wir uns persönlich für all diese Unterstützung bedanken. Vielleicht erreicht der Dank an dieser Stelle ja einige der Schreiber.

Ein Sarg mit Bauernhof

Reinhard: Nach der Obduktion wird Mircos Körper von der Staatsanwaltschaft freigegeben. Wir bereiten uns auf die Beerdigung vor, finden uns tatsächlich wieder bei dem Bestatter in Grefrath ein, der ein Jahr zuvor Mircos Urgroßmutter so würdevoll beerdigen half.

Wir möchten, dass das, was Mirco liebte, in seiner letzten Station auf der Erde nochmals aufscheint: der Bauernhof. Die Landarbeit. Tiere füttern und pflegen. Säen und ernten. Und natürlich die Traktoren.

Mit der Hilfe des Bestatters finden wir einen Menschen, der uns sehr feinfühlig bei unserem Plan unterstützt: Mircos Sarg wird auf Strohballen gestellt, Blumengebinde mit lieben Worten umrahmen ihn. Eines dieser Gebinde stammt von seinem Onkel Andreas, seiner Tante Iris und seinen Cousins Marvin und Sven sowie seiner Cousine Muriel; es hat die Form eines Traktors. Mircos Lieblingstraktoren aus seiner Sammlung finden vor dem Sarg einen Platz. Der Sarg selbst wird zur echten Sensation: Die Mitschüler aus Mircos Klasse bemalen den Sarg mit Szenen aus dem Leben auf dem Bauernhof, dazu mit Sonne, Mond und Sternen und einem Lagerfeuer an der Seite, wir als Familie verewigen uns mit einem lieben Gruß oder einer Zeichnung auf dem Sargdeckel – Mirco hätte seine helle Freude daran gehabt, da sind wir sicher.

Am 9. Februar 2011 tragen wir unseren Jungen zu Grabe. Nur die engsten Freunde und Verwandten sollen ihm das letzte Geleit geben und vielleicht die, die in der Schule und Gemeinde viel mit ihm zu tun haben, so denken wir. Um 11:00 Uhr versammeln sie sich an diesem Morgen vor der Trauerhalle des Grefrather Friedhofs. Es werden 400 Menschen.

Wieder ist es Roman Siewert, unser Präses, der die richtigen Worte findet, indem er etwas Ungewöhnliches tut. Er richtet nämlich eine Rede *an* Mirco. Er geht einfach davon aus, dass unser Sohn hören kann, was er sagt. „Lieber Mirco", beginnt Siewert, „du staunst! All diese Menschen sind gekommen – wegen dir!" Und er fährt fort: „Ganz viele Leute, auch Große, sind hier. Die haben dich lieb, haben viele Monate wie verrückt nach dir gesucht. Als sie dich gefunden haben, haben sie geweint."

64 Männer und Frauen der Soko Mirco sind wieder erschienen und haben an diesem Moment schwer zu schlucken. Tag und Nacht haben sie gerackert, jede noch so winzige Spur verfolgt, gekämpft und gelitten und nicht aufgegeben. Irgendwann während der Suche haben sie nur noch von „unserem Mirco" gesprochen – das hat uns als Eltern tief bewegt!

Auch in der Friedhofskapelle steht Mircos bunter Sarg mit den Bauernhofszenen auf seinen Strohballen; eine Heugabel steckt an der einen Seite in einem Ballen, davor wieder die Trecker aus seiner kostbaren Sammlung.

„Ich habe gehört, du wolltest immer Bauer werden!", sagt Siewert und schließt die Frage an: „Gibt es denn auch im Himmel Traktoren, und wenn ja, tuckern die auch so kräftig?"

Sandra und ich durchleben noch einmal im Schnelldurchgang das Leben unseres Jungen: „Du warst ein starker Typ. Hast auch Grenzen ausprobiert!", sagt Roman Siewert. Stimmt! Stark und zäh, zornig und sensibel, mit einem ungeheuren Gerechtigkeitsgefühl ausgestattet, liebevoll und weitsichtig – all das, was unseren Mirco ausgezeichnet hat, wird noch einmal lebendig.

Mircos Kameraden aus der geliebten Pfadfindergruppe und sein Onkel Heiko eskortieren den Sarg aus der Trauerhalle zur Grabstätte. Dort nehmen alle noch einmal Abschied von Mirco, treten einzeln vor das Grab, geben ihm eine Blume und einen Gruß mit auf den Weg. Auch Mircos Lehrer geht mit der Klasse 6a zum Grab, jedes Kind hat eine Rose in der Hand, die es hineinwirft. Sandra und ich wissen: Das ist ein ungeheuer wichtiger

Augenblick für die Kinder, die Mirco kannten, seine Freunde waren. Noch vor einigen Tagen haben sie vielleicht mit dem Gedanken gespielt, dass Mirco bald wieder genauso wie früher die Tür aufreißt und sich an seinen vertrauten Platz im Klassenraum setzt. Nun sehen sie es mit eigenen Augen, dass das nie mehr geschehen wird. Auch sie, so hoffen wir, können nun anfangen, ihren Frieden mit dem Erlebten zu schließen. Die ergreifende Predigt, die Roman Siewert hält, lautet:

Lieber Mirco,
ich habe gehört, am Fahrradfahren hast Du großen Spaß gehabt. Schnell und manchmal ein bisschen verrückt! Mein Klapp-Fahrrad habe ich im Auto auch immer mit. Wenn mein Arbeitstag zu Ende ist oder sehr früh beginnt, fahre ich noch durch die Innenstädte oder die kleinen Ortschaften, wo ich zurzeit gerade bin. Ich verstehe, dass Du so viel Spaß daran hast.

Heute ist Mittwoch. Wir sind alle zusammengekommen. Dein Bruder Alex ist hier, ich habe ihn den „Chef“ genannt. Deine Schwester Julia – ich nenne sie gern Julien – und ich, wir haben ein Geheimnis. Du hast davon schon im Himmel gehört! Und Dein Goldstück, die Judith. Auch Mama, die so gut Kuchen backen kann, und der Papa sind hier, mit dem Du so gern kuschelst. Du staunst! Alle sind gekommen – wegen Dir. Deine Omas, Heide und Renate, deine Opas Addi und Heinz. Die Cousinen, die Cousins und Neffen, die Onkel und Tanten. Die ganze freie Christengemeinde aus Krefeld, auch die Royal Rangers und Deine Freunde. Und vor allem die Klasse 6a. „Oh“, sagst du. „Meine Schularbeiten muss ich noch machen, Ach, egal, im Himmel machen das die Engel für mich!“

Ganz viele Leute, auch Große, sind hier. Die haben Dich lieb und haben viele Monate wie verrückt nach Dir gesucht. Als sie Dich gefunden haben, haben sie sehr geweint.

Ich habe gehört, Du wolltest immer Bauer werden. Kann ich gut verstehen. Als ich ein Kind war, habe ich auch auf einem Bauernhof gespielt und mitgeholfen, auch den Schweinestall ausgemistet. Manchmal hatte ich Angst und habe gebetet: „Lieber Gott, bewahre mich vor der fetten S…!“ Jetzt sehe ich Dich lächeln.

Du warst ein starker Typ. Hast Grenzen ausprobiert. So einen wie Dich hat der Heiland lieb. Im neuen Testament kann man davon lesen. Matthäus 18, Vers 3: „Werdet wie die Kinder“. Und Matthäus sagt noch in Kapitel 19, Verse 13–15: „Da wurden Kinder zu Jesus gebracht, damit er die Hände auf sie legte und betete. Die Jünger aber fuhren sie an. Aber Jesus sprach: „Lasset die Kinder und wehret ihnen nicht, zu mir zu kommen. Denn solchen gehört das Himmelreich‘. Und er legte die Hände auf sie und zog weiter.“ Auch Markus hat davon berichtet und Lukas. Du kannst sie mal fragen, ob sie jetzt kapiert haben, was Jesus meinte.

Du warst ein Kind, hast Feld, Wald und Wiese gemocht. Ich habe meine schwarze Krawatte umgebunden als Zeichen meiner Anteilnahme. Für Dich habe ich meinen Lieblingsschlips mitgebracht, mit Gänseblümchen drauf. Ich liebe diese kleine Blume. Sie wächst und wächst – ist nicht unterzukriegen.

Die großen Leute wollen die kleinen unterkriegen. Jesus wurde darüber richtig ungehalten. Er fauchte die starken Männer an. „Weg da! Versperrt den Kindern nicht den Weg. Macht Platz. Ärgert die Kinder nicht. Die Kinder gehören zu mir.“ Das Kleinste nahm er sogar auf den Arm, hat es ganz fest gedrückt und ihm einen Kuss gegeben. Dich sicherlich auch, als Du im Himmel angekommen bist.

Der Mann, der Dich überfallen und verschleppt hat, hat vielleicht schon mal was von Jesus gehört. Wir sind ja in einem christlichen Land. Das genügt aber nicht.

Wir Menschen müssen Jesus Christus in uns haben. An ihn glauben und versuchen, nach seinen Geboten zu leben. Zum Beispiel: „Du sollst nicht stehlen", oder: „Du sollst nicht lügen oder schlecht reden", hat Jesus gesagt. Auch das klare Wort: „Du sollst nicht töten."

Das ist mit Dir passiert. Wir sind alle unendlich traurig. Kapieren nicht, was da passiert ist! Ich habe darüber nachgedacht: Es gibt viel Dunkles. Wenn Eltern sich streiten, wenn zuviel Alkohol getrunken wird. Wenn geschlagen statt gelobt wird. Wenn niemand da ist, der so richtig sagt: „Ich hab dich lieb. Du schaffst es, Kopf hoch."

Weißt Du, Mirco, als ich in der St. Laurentius-Kirche letzten Donnerstag den Brief von deiner Familie gelesen habe. hatten viele Gottesdienst-Besucher feuchte Augen. Du hast eine tolle Familie! Du bist nicht vergessen! Dein Sterben ist nicht umsonst!

Ich habe Dich gut verstanden. Ich soll vor allem den großen Leuten sagen: Ihr sollt Kinder Gottes sein und bleiben und auch immer wieder werden. Das ist möglich durch Jesus. Er sagt von sich: „Ich bin der Weg, die Wahrheit und das Leben" (Johannes, Kapitel 14, Vers 5).

Mit Jesus können wir unsere Feinde überwinden, auch die Feinde in uns selbst. Christen in allen Kirchen wissen das. Wir nennen das Bekehrung: Umkehren und seine Sünden bekennen. Nicht hart werden, sondern Buße tun und beichten, Vergebung und Verzeihung einüben. Das ist doch auch das, was die Eltern ihren Kindern immer wieder sagen: „Entschuldige Dich."

Sobald die Kinder groß werden, vergessen sie das. Und dann kommen Kriege im Kleinen und im Großen. Die Menschen grüßen sich nicht mehr. In der Familie gibt es Spannungen. Und man redet nicht miteinander, sondern übereinander.

Du weißt, Jesus hat gesagt, wir sollen werden wie die Kinder: Risiken eingehen. Menschen mögen. Neugierig sein. Schlechte

Gedanken aufgeben und das Beten nicht vergessen. Wie ein Kind werden. Festhalten: Ich bin von Gott gewollt und geliebt.

Euch Kindern möchte ich Mut zusprechen. Ich habe euch große, gefüllte Schultüten mitgebracht. Für die Schulklasse 6a und Freunde von Mirco und für die Royal Rangers und Kinder der Freien Christengemeinde Krefeld – lasst Euch überraschen!

Ein Kind Gottes stirbt nie. Deine Mama hat mir mal erzählt, dass sie Dich einige Wochen vorher gefragt hat: „Wo willst Du Deinen 11. Geburtstag am 18. September feiern?“ Du hast spontan gesagt: „An einem geheimen Ort.“ Mama war ganz erschrocken: „Wieso?“ Schnell hast Du abgewiegelt und geantwortet: „Eventuell mit meinen Kumpels im Eisstadion!“ (…)

Lange haben wir für Deine Abschieds-Anzeige nach einem Bibelvers gesucht. Bist Du damit einverstanden? „Die ganze Erde ist ein Bauernhof. Gott hält die Tiefen und Höhen der Welt in seiner Hand.“ Und dann haben Mama und Papa geschrieben: „Bei allem Schmerz wissen wir Mirco in der Hand Gottes geborgen. Unseren lieben Sohn, Bruder, Enkel, Neffen, Cousin und Freund.“ Ich habe den Entwurf mitgebracht. Mama hat sich verschrieben – aus Enkel hat sie Engel gemacht.

Unser Engel.

Nur Du, Mirco, weißt, was am Abend des 3. September 2010 passiert ist.

Aber der Schreibfehler Deiner Mama gibt uns allen Hoffnung. Der Engel Gottes hat Dich zu Jesus gebracht. (…)

Auch wenn wir dich, lieber Mirco, gleich zum Grab begleiten, dürfen wir wissen: Das Kind Gottes in uns stirbt nie. Das ist die Garantie- und Liebeserklärung Gottes für uns Menschen.

Wir werden uns wiedersehen, lieber Mirco!
Amen.

Die Beerdigung war so für uns alle ein großer Schritt auf dem Weg des Abschiednehmens. So viele Menschen haben an Mirco gedacht! Für uns wurde in dieser Zeit Psalm 95,4 besonders wichtig: „In Gottes Hand sind die Tiefen der Erde und die Höhen der Berge!“ Unsere eigenen Gebete und die der vielen Menschen ringsherum haben uns getragen. Wir sind nicht untergegangen.

„Ich heiße Ingo!“

Sandra: Zur Beerdigung von Mirco im Familien- und Freundeskreis kamen auch die Beamten der Soko Mirco. Und zwar fast alle. Es war ihnen wichtig, nach dem monatelangen Einsatz persönlich Abschied von uns und von Mirco zu nehmen. Und auch für uns war es gut, noch einmal das ganze Team zu sehen und jedem Einzelnen von ihnen zu danken. Wir haben jedem die Hand gegeben und ihnen unsere Anerkennung und unseren Dank für ihren persönlichen Einsatz ausgesprochen. Und dann haben diese Menschen, die wirklich alles getan haben, um unseren Mirco zu finden, uns eine überwältigende Antwort gegeben: „Ihr habt uns mehr getröstet als wir euch!“

„Bei der Trauerfeier hatten sich die Beamten der Soko ganz am Schluss angestellt“, erinnert sich Ingo Thiel. „Schlitters haben die Kondolenz von allen entgegengenommen. Ich bin dann am Schluss zu den beiden, habe sie in den Arm genommen“, erzählt der Polizist weiter. „Sandra Schlitter sagte zu mir: ‚Danke, Herr Thiel!‘ Ich habe darauf gesagt: ‚Ich heiße Ingo.‘ Ihre Antwort: ‚Und ich Sandra.‘“

Ein Gottesdienst für die Polizei

Unsere vielen Diskussionen um die Frage nach Leid und Schuld, nach Vergebung und Heilung blieb nicht wirkungslos für die Polizeibeamten, die uns umgaben. Ingo Thiel erzählte uns einmal während der Fahndungsarbeit, seine Leute hätten einen tollen Polizeiseelsorger. Der habe angesichts des üblicherweise etwas robusten Tones unter Polizisten ihn und seine Leute erst einmal vorsichtig gefragt: „Störe ich?"

Offensichtlich hat der Polizeiseelsorger Küpper die Mitglieder der Sonderkommission nicht gestört. Im Gegenteil: Am Anfang, so erzählte Ingo Thiel uns, hätten sie den „Seelenklempner"-Kollegen vielleicht noch ein bisschen gleichgültig betrachtet. Doch im Laufe der Monate, nicht zuletzt nach vielen Gesprächen, die wir mit den Polizisten führen durften, scheint sich das Verhältnis zu diesem Mann und seinem Anliegen in der Gruppe geändert zu haben. „Der störte uns überhaupt nicht, ich habe mich mit unserem Herrn Küpper sogar total angefreundet", erzählt Ingo Thiel.

Denn das Schicksal von Mirco ließ niemanden in dieser Gruppe kalt. Am Ende der 145 Tage Hochspannung zeigte sich die Belastung dann richtig. Einige der Polizisten waren einfach nervlich am Ende. „Wir brauchen keine Supervision, das machen wir hier bei uns", sagte Thiel daraufhin. Am Ende feierte die Soko Mirco einen Abschlussgottesdienst im Kloster Mariendonk. Der Polizeiseelsorger Küpper gestaltete die Feier.

Ein Grabstein voller Leben

Reinhard: Der Grabstein für Mirco ist etwas ganz Besonderes. Er stammt aus Duisburg von der Firma „Natursteine Kleinfeld“. Der Inhaber Herr Kleinfeld kannte meinen Vater aus seiner Zeit als Pastor. Er ist selbst in der Gemeinde dort engagiert. Eines Tages meldete er sich bei uns und bot an, uns mit dem, was er gut konnte, zu helfen: der Gestaltung eines Grabsteins, der wirklich zu Mirco und seinem Wesen passte und auf gute Art an ihn erinnerte.

Wir waren dankbar für dieses Angebot, denn ein normaler, schlichter Grabstein oder etwas Liebliches mit einem Engel wäre irgendwie nicht das Richtige gewesen. Der Steinmetz faxte uns dann eine erste Skizze zu, nach der der Stein 1,80 Meter hoch zu sein schien. Unser erster Gedanke war: „Mein Gott, was ist das für ein Riesending!“

Doch dann sind Sandra und ich nach Duisburg gefahren, um uns persönlich mit dem Inhaber auszutauschen, und im Vorraum stand schon der Stein. Ein einmaliges Stück aus rötlichem Granit, direkt aus dem Steinbruch. Man konnte die Bohrungen sehen, mit denen er gebrochen worden war, acht, neun Stufen hoch. Herr Kleinfeld, der Steinmetz erklärte: Er könnte in diese Stufen Symbole für Stationen einfügen, die für Mircos Leben wichtig waren. Außerdem könne man Texte eingravieren und so Mircos ganzes Leben darauf festhalten. Und zum Schluss würde der Stein dann noch poliert. Wir waren überwältigt, was für Gedanken sich da ein mitfühlender Mensch gemacht hatte, weil er den Stein hatte und uns einfach helfen wollte.

Als wir den Stein gesehen haben, waren wir sofort einverstanden, nein, mehr noch, wir konnten uns Mircos Grabstein mit einem Mal gar nicht mehr anders vorstellen als genau so! Es war eine wunderbare Idee, die Lebensstufen unseres Jungen Schritt für Schritt wiederzugeben. In den Nischen finden sich ein Pferd für seine Reitbegeisterung, ein Pfadfinderstern für seine ersten Gruppen, ein Fußball für sein Training bei den Bambini, sein geliebtes Fahrrad, ein Trecker für seine Bauernhof-Begeisterung, eine Matheaufgabe für die Schule, ein Lagerfeuer für die spätere Pfadfinderzeit, Schlittschuhe für seine Begeisterung für den Eissport.

Letztes Jahr im September, zu seinem Geburtstag, wurde der Stein aufgestellt. Wir haben eine kleine Feier an Mircos Grab damit verbunden und dabei wieder alle gespürt: Er ist uns ganz nahe.

Kapitel 9

Die Gerichtsverhandlung

Reinhard: Im März 2011 erhob die Staatsanwaltschaft Anklage gegen den geständigen Mörder unseres Sohnes, Olaf H. Am Dienstag, den 12. Juli 2011, beginnt der Prozess um 9:00 Uhr im Landgericht Krefeld. 14 Verhandlungstage sind angesetzt, über 40 Zeugen sollen aufgerufen werden, um von juristischer Seite aus Klarheit in das Geschehen um Mirco zu bringen.

Sandra und ich haben uns dazu entschieden, als Nebenkläger in diesem Verfahren aufzutreten. Das hat einen bestimmten Grund: Als Nebenkläger haben wir das Recht auf Akteneinsicht durch die Rechtsanwältin, die uns vertritt. Gabriele Reinartz rät uns allerdings, am ersten Prozesstag noch fernzubleiben, da Sandra beim nächsten Prozesstag als Zeugin geladen ist und der Presserummel zu groß ist.

Sie behält recht. Die Verhandlung gegen Olaf H. wird zur größten, die es am Niederrhein seit über einem Vierteljahrhundert gegeben hat. Der Medienrummel ist unbeschreiblich. Bekannte berichten uns, dass die ersten Zuschauer schon um 4:00 Uhr morgens vor dem Gerichtsgebäude stehen, um nur ja unbedingt in den Zuschauerraum zu gelangen. Um 7:00 Uhr, zwei Stunden vor dem offiziellen Prozessauftakt, belagert eine ganze Schlange das Gebäude. Diejenigen, die es schließlich nicht mehr in den Saal schaffen, zeigen offen ihren Unmut. Es ist also die richtige Entscheidung gewesen, dass Sandra und ich uns nicht diesem Spektakel ausliefern. Noch nicht.

Von Angesicht zu Angesicht mit dem Täter

Denn wir wollen und werden dem Mann, der unseren Jungen umgebracht hat, ins Gesicht sehen. Wir wollen versuchen zu ergründen, was unser Mirco in den letzten Stunden seines Lebens erlebt hat. Wir wollen wissen, ob er sich gewehrt hat, ob er Angst hatte, nach uns gerufen hat. Wir wollen es deshalb wissen, weil wir das unserem Jungen schuldig sind. Auch wenn das, was wir in den nächsten Prozesstagen hören werden, brutal und unvorstellbar hart für uns sein wird. Wir dürfen vor diesen Fakten nicht davonlaufen. Denn Mirco konnte es schließlich auch nicht.

Sandra: Der Vorsitzende Richter am Landgericht Krefeld, Herbert Luczak, seine beiden Berufsrichterkolleginnen und die beiden Schöffen, die zusammen das Schwurgericht bilden, haben eine schwere Aufgabe. Im Grunde wollen sie genau das Gleiche wissen wie wir: Was ist mit Mirco passiert? Warum ist es passiert?

Um es vorwegzunehmen: Trotz aller bewunderungswürdigen und akribischen Versuche, Licht in das Dunkel um die zweite Frage zu bringen, gelingt es auch dem Gericht nicht, sie zu beantworten. Das hätte nur der Täter selbst vermocht. Aber der weigert sich, die Wahrheit endlich auszupacken. Auch vor Gericht.

Drei Tage nach dem Prozessauftakt ist es dann soweit: Ich werde als Mircos Mutter zur Zeugenaussage in den Prozess gebeten. Das Gericht will und muss sich ein möglichst gutes Bild von unserem Jungen machen.

Es wird ein schwerer Gang.

Reinhard und mein Bruder begleiten mich. In Abstimmung mit dem Gericht und dem Opferschutz darf mein Bruder neben mir auf der Zeugenbank Platz nehmen. Das ermöglicht es mir überhaupt erst, meine Aussage zu machen. Denn die Zeugenbank grenzt direkt an die Anklagebank, auf der Olaf H. sitzt.

Ich betrete den Saal 167 gegen 9:40 Uhr, nachdem ich mich wie jeder Besucher einer Leibesvisitation unterzogen habe. Zu meinem Erstaunen erfahre ich, dass sogar Ingo Thiel als Polizeibeamter und in seiner Eigenschaft als Prozessbeobachter der Kriminalpolizei Mönchengladbach die gleiche Prozedur durchlaufen musste. Ich trage Jeans und ein geblümtes T-Shirt, meine Handtasche habe ich in eisernem Griff, um mich an irgendetwas festhalten zu können.

Da steht der Zeugenstuhl. Der Richter begrüßt mich freundlich: „Sobald Sie eine Pause brauchen – Sie haben alle Zeit der Welt!"

Doch ich will keine Pause. Ich will die Wahrheit über Mirco sagen und die Wahrheit über ihn vom Angeklagten hören. Allerdings schaue ich am Anfang meiner Aussage noch nicht zu Olaf H. hin. Ich weiß selbst nicht genau, warum: Fürchte ich um meine Fassung, wenn ich in das Gesicht jenes Mannes sehe, der mein Kind auf dem Gewissen hat? Würde das meine Konzentration auf die Aussage über meinen Jungen gefährden, die mir und Reinhard sehr wichtig ist?

Was ich weiß, ist zumindest eines: Ich hasse diesen Mann, der da mit einem merkwürdig verzerrten Grinsen auf der Anklagebank sitzt, nicht. Ich hasse ihn allein schon deshalb nicht, weil Hass nicht in Reinhards oder mein Leben gehört. Wer an einen Gott glaubt, der auch die schlimmsten Sünden verzeiht, und wer selbst erlebt hat, wie befreiend Vergebung ist, der möchte nicht an Hass und Bitterkeit festhalten. Und Reinhard und ich glauben an diesen Gott.

Der Vorsitzende Richter bittet mich, den Charakter von Mirco zu schildern. „Er war ein offener, lebhafter, sehr hilfsbereiter Junge, der aber durch seine direkte Art auch schon mal bei den Lehrern angeeckt ist", berichte ich.

Dann erzähle ich von seinem Fahrrad, das sein ganzer Stolz war – wie lange er selbst dafür gespart hatte, immer wieder zum

Fahrradladen gegangen war, um es sich anzuschauen, und wie er es dann schließlich bekam und von da an wie seinen Augapfel hütete. Schließlich ging es um die Frage, ob Mirco ein ängstliches Kind gewesen sei. Ich verneine, füge aber hinzu: „Im Dunkeln hatte er manchmal Angst!"

Gut 20 Minuten dauert die Befragung, dann entlässt mich das Gericht; jetzt erst schaue ich zu Olaf H. Er sitzt nach meiner Aussage wie erstarrt da, blickt vor sich hin. Später wird sein Rechtsanwalt berichten, dass er direkt nach meiner Aussage „gefühlsmäßig zusammengebrochen" sei. Unsere Rechtsanwältin gratuliert mir: „Das haben Sie toll gemacht – Sie haben es für Mirco so toll gemacht!"

Ich nehme neben Reinhard Platz und verfolge den weiteren Prozessverlauf an diesem Tag. Die vier Freunde, mit denen Mirco in den letzten Stunden vor seinem Verschwinden unterwegs war, sagen aus, außerdem der Zeuge, dem die Soko Mirco den entscheidenden Hinweis auf den VW Passat Kombi verdankt.

Dann ist der Gerichtstag für uns zu Ende. Mit einem tiefen Seufzen verlasse ich den Saal. Gemeinsam gehen wir unter dem Schutz der Justizbeamten auf einem abgeschirmten Weg zu unserem Auto, um uns den Fragen der Reporter nicht stellen zu müssen.

Die Widersprüche bleiben

Reinhard: Was treibt einen erwachsenen Mann dazu, ein Kind zu töten? Das begreifen zu wollen haben Sandra und ich zu diesem Zeitpunkt längst aufgegeben. Das ist für uns vorbei. Ich meinerseits komme einfach nicht nahe genug an eine solche Vorstellung heran. Sie liegt völlig außerhalb meiner Gedankenwelt. Und außerdem muss ich das nicht verstehen. Aber wir haben noch die Hoffnung, dass das Gericht Licht ins Dunkel bringen kann.

Es ist schwer, sich vorzustellen, dass jemand sich eine solche Tat nicht nur vornimmt, sondern sie dann auch wirklich begeht. Als wir erfahren haben, dass der Täter selbst Vater von vier Kindern ist, wurde uns schnell bewusst, dass er nicht nur über unsere Familie schreckliches Leid gebracht hat, sondern auch über seine eigene. Sandras Gedanken waren bei der Ehefrau des Täters: *Die Ärmste hat jetzt fünf Monate mit diesem Mann unter einem Dach gelebt, hat womöglich mit uns gebangt und von nichts eine Ahnung gehabt! Und jetzt muss sie irgendwie mit dem Wissen fertigwerden, dass ihr Mann so etwas Schreckliches getan hat!* Auch die Kinder taten uns unheimlich leid. Es klingt vielleicht komisch, aber Sandra und ich hatten die Befürchtung: *Ihnen geht es jetzt wahrscheinlich fast noch schlimmer als uns.*

Einmal kommt es zu einer kurzen Begegnung mit der Ehefrau des Täters. Das geschieht im Gerichtsgebäude, als sie auf ihre Zeugenaussage wartet. Aber Reinhard und ich sind zu diesem Zeitpunkt in Begleitung von Polizisten, die uns abschirmen, und laufen deshalb nur an ihr vorbei.

Widersprüchliche Aussagen des Angeklagten bestimmen den Prozess vom ersten Tag an. Einerseits gibt es da das Geständnis, das Olaf H. vor Gericht wiederholt. Er lässt über seinen Verteidiger Gerd Meister bestätigen, dass er Mirco entführt, sexuell missbraucht und dann getötet hat. Das sei „im Wesentlichen richtig".

Damit hört die Eindeutigkeit aber für das Gericht auch schon auf. Und für uns auch. Was hat den Angeklagten dazu getrieben, am 3. September 2010 angeblich ganz planlos durch die Gegend zu fahren? Hat er sich Mirco bewusst ausgesucht oder wie kam es zu dem verhängnisvollen Zusammentreffen? Oder handelt es sich vielleicht sogar um eine ausgeklügelte Tat, die mit vollem Vorsatz und akribischer Planung geschah?

All das möchten wir wissen. Und all das will auch das Gericht wissen. Doch selbst der Rechtsbeistand des Angeklagten scheint irgendwann die Hoffnung zu verlieren, dass Olaf H. noch mit der Wahrheit herausrücken wird. Fünf unterschiedliche Tatversionen, die der Angeklagte in den Vernehmungen zum Besten gegeben hat, zählt der Richter allein am ersten Verhandlungstag auf. In diesem Dickicht von Dichtung und Fakten, so fürchten Sandra und ich bald, wird sich die Wahrheit über Mircos letzte Stunden für uns nicht mehr entschlüsseln lassen.

Sandra: Gegen Ende des Prozesses tut sich so etwas wie ein kleines Tor auf. Erst, als es auf die Plädoyers von Anklage und Verteidigung zugeht, gelingt es dem Verteidiger des Täters offenbar, einen Zugang zu Olaf H. zu finden. Der Verteidiger sieht den Schlüssel zur Tat, die auch für ihn „immer noch ein Rätsel" sei, in der Psyche des Täters. Vor Gericht präzisiert er das folgendermaßen: „Ich glaube, dass H. die Tat vor sich selbst nicht zulassen kann. Sie passt nicht zu seinem Lebensentwurf und zu seiner Lebensgeschichte."

In der Tat, die sieht zumindest nach außen hin bisher ganz anders aus, als sie sich nach dem Zusammentreffen mit unserem Sohn entwickelt hat. In den Aussagen seiner insgesamt drei Ehefrauen wird ein Olaf H. beschrieben, der mit der hier verhandelten Tat nichts, aber auch gar nichts zu tun zu haben scheint. Ein treusorgender Familienmensch sei er gewesen, stets korrekt bis zur Biederkeit. Niemals habe er irgendwelche sexuellen Abweichungen oder Auffälligkeiten erahnen lassen, schon gar keine Neigung zur Pädophilie. Hilfsbereit, fröhlich, zupackend, offen sei er gewesen – so beschreiben ihn Ehefrauen und Kollegen fast durchgehend. Allerdings lässt eine Aussage aus dem Berufsumfeld von Olaf H. auch darauf schließen, dass er neben all diesen nach außen wahrnehmbaren positiven Eigenschaften zeitweise unzuverlässig und sogar unglaubwürdig gewesen sei.

Steckt hinter dem biederen Telekom-Manager aus der mittleren Etage des Konzerns so etwas wie ein Mr Hyde, eine finstere zweite Persönlichkeit? Das könnte so sein. Klar wird Reinhard und mir das, als am 23. September 2011 für zwei Stunden dem Gutachter Dr. Martin Albrecht das Wort erteilt wird. Der Gerichtspsychiater erklärt am Ende seines Vortrages: Der Mörder unseres Sohnes ist voll schuldfähig und mit hoher Wahrscheinlichkeit „sadistisch-pervers" veranlagt. Allerdings konnte auch der Wissenschaftler nicht in letzter Konsequenz ein Motiv für die Tat benennen. Dennoch – was er mitteilt, ist bitter genug.

Der Gutachter hält es für wahrscheinlich, wenn auch nicht beweisbar, dass Olaf H. unseren Sohn in der Folge eines „sadistisch perversen Exzesses" getötet hat. Als Hinweise darauf sieht er die Strecke von rund 200 Kilometern, die Olaf H. an jenem Abend offensichtlich ohne bestimmtes Ziel durch die Landschaft fuhr, bevor er auf Mirco stieß und ihn in sein Auto zerrte.

„Das erinnert ohne Zweifel an einen Jäger, der eine Beute sucht!", beschreibt Albrecht dieses Verhalten, für das es auch in der Fachliteratur wohl viele Beispiele gibt. Während die Täter anscheinend ziellos herumkreuzen, „schaukeln sie ihre Fantasie hoch, beschäftigen sich mit Allmachtsvorstellungen".

Nach dieser Erklärung wäre unser Sohn also zufällig einem hinter seiner geordneten Fassade plötzlich völlig entgrenzten Menschen in die Hände gefallen, der Allmachtsfantasien entwickelt hatte und jemanden „demütigen, unterdrücken und missbrauchen" wollte. Wie es mit der Wiederholungsgefahr aussieht, will das Gericht wissen. Dazu will der Gutachter keine Aussage treffen. Nur so viel gibt er dem Gericht und den Zuhörern mit: „Ich kann nur sagen: wenn er ein sadistischer Täter wäre, wäre er sehr gefährlich!"

Das Urteil

Reinhard: Olaf H. weigert sich weiterhin, einen Beitrag zum genauen Tathergang und zum Tod von Mirco zu geben. Die Gerichtsmediziner können aus den sterblichen Überresten unseres Sohnes keine aussagekräftigen Rückschlüsse mehr darauf ziehen, wie er tatsächlich umgekommen ist. Unsere Hoffnung, endlich mehr zu erfahren, wird nicht erfüllt. Olaf H. schweigt weiter.

Dann erfolgt das Urteil. Unsere Rechtsanwältin fasst nach der Urteilsverkündung das zusammen, was wir gerade gehört haben und bringt es, an uns gewandt, auf den Punkt: „Ein Meilenstein auf dem Weg Ihrer Trauerarbeit!"

Das Gericht verhängt die höchstmögliche Strafe: Lebenslänglich mit der Feststellung der besonderen Schwere der Schuld des Angeklagten. Das heißt: Olaf H. darf nicht darauf hoffen, wie sonst üblich nach 15 Jahren vorzeitig aus der Haft entlassen zu werden. Im Gericht brandet Beifall auf, den der Richter sofort unterbindet.

Olaf H.'s Anwalt tut das, was er als Verteidiger tun muss. Er gibt zwar zu, dass das Gericht den Umstand der besonderen Schwere der Schuld sehr gut begründet habe, strebt jedoch eine Revision des Urteils an: „Das ist meine Pflicht." Bis über diese Revision entschieden wird, ist das Urteil noch nicht rechtskräftig.

Sandra: Das ist natürlich in diesem Augenblick eine weitere Belastung für uns. Aber wir wollen auch weiterhin keinen Hass auf uns laden. Das würde uns auf einen falschen Weg bringen. Hass würde uns bremsen in unserer eigenen Entwicklung. Man kann Hass nicht mit Hass vergelten: Dann stünden wir ja auf derselben Stufe wie der Täter. Und genau das wollen wir nicht.

Reinhard: Werde ich diesem Menschen verzeihen? Kann ich es? Ja, auch dieser Mensch ist ein Geschöpf Gottes. Selbst wenn es für uns Menschen nur schwer vorstellbar ist – Gott liebt auch Olaf H., aber ganz sicher nicht das, was er getan hat. Diese Tat trifft ihn selbst am tiefsten.

Wie wir hörten, schreibt Olaf H. seiner Exfrau weiter Briefe aus der Haft, in denen er sagt: „Ich war das nicht!" Das zeigt in den Augen der Polizei, dass er immer noch keine Verantwortung für die Tat übernimmt, sich immer tiefer in Schuld und Verleugnung verstrickt. Und es zeigt auch, wie gefährlich er noch immer ist, denn er lässt keine Reue oder Einsicht erkennen.

Wir möchten nicht über den Täter urteilen. Das ist Aufgabe des Gerichts. Allein diese Instanz muss entscheiden und fällt ein Urteil – auch über die Revision.

Am 26. Januar 2012 legt die Verteidigung dem Krefelder Landgericht einen Revisionsantrag vor. Er wird am 11. April 2012 endgültig abgelehnt. Damit ist das Urteil gegen den Mörder unseres Mirco rechtskräftig. Ein weiterer Schritt dazu, dass wir mit dem Täter und seinem Verbrechen abschließen können. Er hat uns unser Kind genommen. Und dabei die Leben von gleich zwei Familien zerstört. Wir werden mit der Gewissheit leben müssen, einen solchen Menschen und sein Handeln letztlich niemals verstehen zu können. Das müssen wir auch nicht. Denn es gibt Dinge zwischen Himmel und Erde, die wir Menschen wohl niemals werden verstehen können. Diese Erkenntnis gehört vielleicht auch zum Loslassenkönnen, zu unserem Nicht-Verzweifeln dazu.

Kapitel 10

Wir gehen weiter

Reinhard: Wir sind eine ganz gewöhnliche Familie, die das Leben in eine außergewöhnliche Situation geworfen hat. Das Schlimmste, was einer Mutter, einem Vater und den Geschwisterkindern geschehen kann, haben wir durchlitten. Wir hatten keine Zeit, uns auf diese Katastrophe einzustellen. Wir haben keine Gebrauchsanweisung dafür mitbekommen, wie man trotz eines solchen Erlebnisses weiterleben kann. Wir hatten nur eine Chance: Das Schicksal so anzunehmen, wie es vor uns stand.

„Wie schafft man das?"

Sandra und ich sind recht unterschiedliche Menschen und reagieren auch ganz verschieden auf die Dinge. Die Art, wie ich in den ersten Tagen und Wochen fühlte und handelte, entspricht meiner Persönlichkeit, ebenso wie Sandra ihre eigene Art hat, mit Situationen und Gefühlen umzugehen. Man kann sich auch für eine solche Ausnahmesituation kein vorgefertigtes Verhaltensmuster antrainieren oder versuchen, sich irgendwie darauf vorzubereiten.

Sandra: Was uns von Anfang an Halt gegeben hat, war das Vertrauen auf Gott, das Reinhard und ich seit unseren Kindertagen entwickelt haben: *Herr, wir wissen, du wirst uns helfen, egal, was passiert ist. Du wirst uns beistehen.*

Ich spürte, dass etwas Schreckliches passiert sein musste. Aber ich wusste zugleich, dass wir damit nicht allein gelassen waren – weder von Gott noch von den Menschen um uns herum. Ich hatte das Grundvertrauen: *Gott ist da. Er weiß, wo wir sind, er weiß, wie wir fühlen. Wir sind nicht allein.*

Unsere Familie und unsere Freunde haben uns von Anfang an in jeder Weise geholfen, aber fast das Wichtigste war, dass sie für uns und mit uns gebetet haben. Selbst Menschen, die wir gar nicht kannten, haben uns in ihre Gebete eingeschlossen. Zu wissen und manchmal sogar zu spüren, wie ganz unterschiedliche, teils fremde Menschen vor Gott wirklich eins werden können und damit eine Kraft entwickeln, die trägt, das war und ist einfach großartig.

Reinhard und ich haben diese Kraft oft geradezu körperlich spüren können. Für mich fühlte es sich zwischendurch an, als würden wir von einer großen Welle getragen werden. Das ist eine Kraft, die man zum Überleben braucht, wenn die Verzweiflung jeden Morgen neu an die Haustür klopft.

Schon während der Telefonate und unserer ersten Suche nach Mirco am Samstagmorgen habe ich begonnen zu beten. Mit als eine der Ersten rief ich auch meine Schwester Kathrin an. Mit ihr hat Mirco sich immer sehr gut verstanden. Sie ist eine liebevolle und entschlossene Frau der Tat. Sofort haben sie und ihr Mann uns bei der Suche unterstützt, und auch sie haben dabei fast ununterbrochen gebetet.

Unser aller Gebete kreisten dabei in erster Linie um Mirco, seinen Schutz, sein Wohlergehen, seine möglichst baldige Auffindung. Es tat aber auch gut zu erleben, wie andere Menschen für unsere Familie und vor allem für uns als Eltern Kraft und Beistand von Gott erbaten. Diese Gebete und ihre Auswirkungen haben wir wirklich fühlen können. Sie gaben uns Kraft und Mut, nicht zu verzweifeln, wieder aufzustehen, wenn wir zusammengeklappt waren. Die Gewissheit, dass da immer die Chance auf Hilfe und Heilung ist – auch in den finstersten Stunden unseres Lebens. Diese Kraft haben wir noch nie so gefühlt wie in diesen Tagen.

Ich sehe noch heute den Bibelvers vor mir, der an diesem Tag in den „Losungen“* stand, in die ich in meiner wachsenden Unruhe und aufsteigenden Panik hineingeschaut hatte. Er lautete: *Alles, was dieser Gott tut, ist vollkommen, und was der Herr sagt, ist unzweifelhaft wahr. Wer in Gefahr ist und zu ihm flieht, findet bei ihm immer sicheren Schutz* (2. Samuel 22, 31).

Reinhard: Wir sind fest davon überzeugt, dass kein Gebet wirkungslos ist. Gott hört alle Bitten, Anliegen und Wünsche, die an ihn herangetragen werden. Wenn er auch oftmals nicht so darauf reagiert, wie wir es gerne gehabt hätten – er reagiert immer und kein Wort, das an ihn gerichtet wird, geht einfach verloren oder verpufft im All.

Bei manchen Gebeten haben wir sofort gespürt, dass Gott sie erhört hat. Etwa, wenn wir um Kraft für die nächste Stunde, den nächsten Tag gebeten haben und sie immer irgendwie da war. Oder wenn wir um Mut und Motivation für die Einsatzleiter und die Suchtrupps gebetet haben und sie uns hinterher berichteten, dass sie sich gar nicht erklären konnten, warum sie jeden Morgen wieder neu mit so viel Kraft und Elan auf die Suche gegangen sind.

Bei anderen erfuhren wir erst viel später, dass Gott sie sehr wohl gehört und auch beantwortet hatte, auch wenn es für uns zunächst gar nicht danach ausgesehen hat.

Vor allem aber hat es uns immer wieder geholfen, dass wir überhaupt einen „kompetenten“ Ansprechpartner hatten, an den

* Die sogenannten „Inspirationen durch Gottes Wort“ bestehen aus kurzen Bibeltexten des Alten und des Neuen Testaments. Quelle: Bund freikirchlicher Pfingstgemeinden BFP KdöR.

wir uns in unserer Angst und Not wenden konnten, dem wir alles hinlegen konnten, was uns überforderte, und der als Einziger überhaupt wusste, was mit Mirco war und was wir jetzt brauchten. Zu wem sonst hätten wir denn gehen sollen, der nicht ebenso hilf- und ratlos gewesen wäre wie wir selbst?

Unsere Gemeinde hat sich nach Mircos Verschwinden jeden Abend für eine Stunde getroffen, um intensiv für Mirco und uns zu beten. Wir haben später darüber gesprochen, was diese Treffen alles ausgelöst haben – nicht nur für uns, sondern auch für die Mitglieder der Gemeinde. Diese Gebetskreise hatten nicht nur eine tröstliche und unterstützende Wirkung auf Reinhard und mich und zeigten uns, wie viele Menschen intensiv zu uns standen. Nein, auch die Menschen selbst, die sich ins Gebet vertieften und Gott ihr ganzes Herz hinlegten, haben dabei ein Stück Frieden, Trost und Erkenntnis für sich selbst gewonnen.

Beispiele dafür gibt es viele. So ergab sich in Gesprächen mit diesen Menschen häufig folgende Situation: Nachdem wir gemeinsam geredet, gebetet, gedankt hatten, konnten wir oft den Satz hören: „Eure Kraft zeigt mir, dass es einen wirklichen Trost im Glauben gibt! Und dass es sich lohnt, sich nicht der Verzweiflung hinzugeben!“

Wir trafen viele Menschen, die ebenfalls Schweres durchlitten hatten. Das Beten für uns, so schien es uns immer wieder, hat sie in ihrem eigenen Glauben bestärkt, ihre Gedanken beflügelt, ihnen zum Teil sogar ermöglicht, ungesunde Muster, in denen sie seit Jahren gefangen waren, plötzlich loszulassen und ihr Schicksal aus einem anderen Blickwinkel anzuschauen als bisher. Viele erzählten uns, sie hätten ein Stück Versöhnung mit sich selbst und ihrer Geschichte, Heilung von Schmerzendem, Annahme des Ungewissen erlebt.

So merkwürdig das klingen mag: Ein Stück Kraft zurückzugeben in einer Situation, in der wir beide erst einmal fürchteten, in einen schwarzen Strudel gezogen zu werden – das hat solche Augenblicke kostbar gemacht.

Weniger hilfreich waren Mitleidsbekundungen wie: „Ach, ihr Armen! Es tut uns so leid!" Besser war es, wenn Menschen sich hinter uns gestellt haben: „Wir beten für euch, wir stützen euch und lassen euch nicht allein. Wir bitten Gott darum, dass ihr schlafen könnt, dass ihr nicht daran kaputtgeht!" Das war aktive Teilnahme an unserer Trauer, und irgendwie ist es ja auch genau so gekommen, wie unsere Freunde und Mitstreiter es erbeten haben.

Ich wünsche keinem Menschen auf der Welt, dass er in eine solche Situation hineingerät, wie unsere Familie sie erleben musste. Für Sandra und mich sind die Geschehnisse seit Mircos Verschwinden aber auch eine Art Lebensschule geworden. Was geschehen ist, hat uns sensibler gemacht. Die Haut wird dünner. Die Sinne sind geschärfter. Vieles tut immer noch und immer wieder weh.

Andererseits aber merke ich: Ich wurde durch diese Zeit auch ansprechbarer, sensibler, aufmerksamer, wacher dem Leben gegenüber. Wer solches Leid am eigenen Leib erlebt hat, weiß nur zu gut, wie schnell und erbarmungslos große Not über Menschen kommen kann. Wenn man einen solchen Weg gegangen ist, kann man andere Menschen in schweren Lebenssituationen besser verstehen als vorher und ihnen vielleicht sogar besser helfen. Das Wort „Mitgefühl" bekommt eine ganz neue Dimension. Diese Erkenntnis hat mich schier umgehauen.

Warum lässt Gott so etwas zu?

Sandra: Wenn so etwas Grausames geschieht wie das spurlose Verschwinden eines Kindes, dann gehen durch die Köpfe der Menschen viele Gedanken. Der erste, der sich uns aufdrängt, ist die Frage: Warum lässt Gott so etwas zu? Was für ein Gott ist das überhaupt, der solches Leid nicht verhindert?

Viele Menschen aus unserer Umgebung, die uns und unseren Glauben kennen, haben richtig erschrocken reagiert und konnten nicht begreifen, warum so etwas ausgerechnet uns geschieht. Den lustigen Schlitters. Die mit den vier netten Kindern. Da kamen natürlich bei manchen Menschen, gerade auch bei anderen Christen, ganz schnell die großen Fragen auf: Warum hat Gott Mirco nicht beschützt, gewarnt, irgendwie gerettet? Warum hat er nicht verhindert, dass ein offensichtlich gestörter Mensch sich so unfassbar an ihm vergreifen kann?

Reinhard und ich stellten uns diese Fragen natürlich auch und führten viele anstrengende Gespräche darüber. Ja, wir haben dabei so etwas wie einen hilflosen Zweifel gespürt. Dahinter steht ja eine uralte Frage, vielleicht die zentrale Frage überhaupt. Die Theologen bezeichnen sie als „Theodizee“: Warum lässt Gott, der doch in unserer Vorstellung allmächtig und gut ist, überhaupt Böses in dieser Welt zu?

Reinhard: Wir begegneten plötzlich ganz neuen Fragen und Ängsten bei uns selbst und in unserem Umfeld: *„Nützt“ der Glaube an Gott denn selbst den Menschen nichts, die so fest an ihn glauben? Bietet er keinen Schutz vor dem Einbruch des Bösen in unser Leben?* In Gesprächen mit Nachbarn, Freunden oder Gemeindemitgliedern hat sich für mich schon einiges an Angst und Verunsicherung herauskristallisiert.

Viele Menschen waren durch Mircos Verschwinden in ihrem

tiefsten Inneren erschüttert, auch in ihren Grundvorstellungen von Gott. In solchen Augenblicken und Begegnungen, in denen die Sorge und die Not der Menschen um uns herum deutlich wurden, kamen Sandra und ich plötzlich in die merkwürdige Situation, Gott beinahe ein bisschen in Schutz nehmen zu müssen. Verrückt, oder?

Ich erinnere mich noch, dass ich bei mehr als einer Gelegenheit zu erklären versucht habe, dass Gott letztlich nicht für unser Glück oder Unglück verantwortlich sein kann. Denn dann wären wir ja nichts weiter als Marionetten eines blinden Schicksals, das wir nicht beeinflussen können! Auch für den, der glaubt, gilt: Die Verantwortung für unser Leben und unsere Entscheidungen tragen wir selbst. Und ich fragte meine Gesprächspartner dann meist: Übergibst du denn auch in jeder anderen Situation deines Lebens einfach die Verantwortung an jemand anderen?

Sandra: Machen wir uns nichts vor: Es passieren so viele schreckliche Dinge auf der Welt: Krieg, Mord, Gewalt, Umweltzerstörung, Hass, Hunger. Das Leid hat ja nicht erst mit Mircos Verschwinden angefangen, das hat es schon immer auch gegeben, oder?

Und es hat schon immer „gute" Menschen genauso getroffen wie nicht so gute. Irgendwie denkt man ja doch immer ein bisschen: „Wenn ich nichts anstelle und mich an die Regeln halte, passiert mir auch nichts Schlimmes." Aber so ist es nun mal nicht. Es gibt keine Versicherung, keine Garantien. In der Bibel steht: *„Denn er lässt seine Sonne aufgehen über Böse und Gute und lässt regnen über Gerechte und Ungerechte!"* (Matthäus 5, 44–45).

Keine Begründung kann Mirco zurückholen. Keine Trauer, kein Verweilen in der Vergangenheit kann irgendetwas an der Zukunft verändern. Keine bohrende Frage nach dem Warum und nicht mal eine Antwort darauf kann uns letztlich über Mircos Verlust hinweghelfen. Wir haben immer nur die Gegenwart, den

Moment, das Jetzt, das wir gestalten können. Und das wollen wir nicht in Trauer und Hass leben, auch nicht ständig rückwärtsgewandt, sondern jetzt, in diesem Augenblick, das Leben feiern mit all dem Guten, das wir noch haben – und das ist viel!

Sehr wohl helfen kann uns aber die Frage nach dem „Wozu". Niemals würden wir sagen, Mircos Tod war für dies oder das „gut", denn gut war sicher nichts daran. Wir sehen aber inzwischen durchaus auch Entwicklungen und Ausläufer dieses Erlebnisses, die gut sind:

Ein viel größeres Verständnis für andere in schweren Situationen, wie Reinhard es beschrieben hat, und daraus folgend viele Gespräche mit Menschen, die leidvolle Erfahrungen gemacht haben und vielleicht immer noch mit ihnen kämpfen. Die Vorträge, die ich inzwischen halten durfte, und auch die Fernsehauftritte bei „Beckmann" oder bei „Menschen 2011", bei denen manche Leute vielleicht zum ersten Mal etwas davon gehört haben, dass man im Glauben auch in einer solchen Albtraumsituation wirklich Halt und Trost finden kann. Dass man nicht von Hass und Verzweiflung aufgefressen werden muss, sondern sich mit Gottes Hilfe aktiv dafür entscheiden kann, loszulassen und zu vergeben und den Blick wieder nach vorn zu richten. All das sind Auswirkungen, die gut sind.

Aus Leid lernen

Reinhard: *Dein Wille geschehe, wie im Himmel, so auf Erden,* heißt es im Vaterunser, dem wichtigsten Gebet der Christenheit. Soll ich denn wirklich glauben, dass alles dies wirklich Gottes Wille gewesen sein soll?

Nein, so einfach dürfen wir es uns nicht machen. Aber wir Menschen neigen schnell dazu, genau das zu tun. Dabei vergessen wir aber eines: Die guten Sachen, die uns das Leben schenkt, nehmen wir gerne an. Ja, wir halten sie sogar für selbstverständlich, für etwas, das uns irgendwie zusteht. Aber die anderen Dinge, Leid, Not, Trauer, Verlust – wie gehen wir damit um? Mit diesen leidvollen Erfahrungen, von denen die wenigsten Menschen verschont bleiben.

Mircos Tod hat uns gezeigt, wie dünn das Eis des Glücks ist, auf dem wir Menschen unser Leben lang unsere Pirouetten drehen. Darunter lauert die ganze Bandbreite menschlicher Abgründe. Was sich dahinter manchmal verbirgt, weiß kein Mensch zu sagen. Olaf H. und seine perfekte Maske des Biedermanns belegen diese Erkenntnis auf tragische Weise. Unsere Familie hat es am eigenen Leib erfahren.

Aber wählen wir die Konsequenz, die Schotten dicht zu machen, alles Vertrauen aus Sicherheitsgründen aufzugeben, sich mit Kindern, Verwandten und engsten Freunden in sein Schneckenhaus privater Intimität zurückzuziehen und die böse Welt da draußen mit Abscheu zu betrachten? Und nie wieder auch nur entfernt an Anne Franks berühmten Satz zu denken: „*Ich glaube an das Gute im Menschen!*“?

Die Möglichkeit hätte es vielleicht auch bei uns geben können – wenn wir nicht so tief und fest in einem ganz anderen Weltbild verwurzelt wären. Wenn es nicht auch die andere, die unglaublich schöne und gute Seite des Lebens und der Menschheit geben würde. Wenn nicht von Anfang an so viele liebesfähige und liebenswerte Menschen uns mit Liebe, Nähe und Hilfe aufgefangen hätten. Wenn nicht ein ganzes Land sich mit höchstem Einsatz darum gekümmert hätte, Mircos Verschwinden aufzuklären. Dieses Gute macht das Leben lohnenswert – auch wenn der Schmerz über Mircos Tod immer bleiben wird.

Warum gibt es den Tod überhaupt? Und auch noch einen so schrecklichen und frühen Tod? Kann Gott so brutal sein?

Das Gute hält uns am Leben

Reinhard: Wir alle denken vielleicht etwas oberflächlich über diese Fragen nach. Wir können nicht einfach Gott die Schuld für das, was in der Welt geschieht, in die Schuhe schieben. Genauso wenig, wie wir unsere persönliche Verantwortung für unser Handeln sozusagen an der Garderobe abgeben können.

Wir wissen so wenig. Wir kennen ja noch nicht mal alle Tiere und Pflanzen unseres Planeten. Ein Physiker hat einmal gesagt: *Mit jeder Frage, die wir in der Wissenschaft lösen, tun sich zehn neue auf.* Die Sicht Gottes auf die Welt und die Menschen ist so was von vielfältig und kolossal weitwinklig, da werden wir mit unserem menschlichen Verstand nicht dahinterkommen.

Deshalb ist es sinnlos, danach zu fragen, warum Gott Mirco nicht beschützt hat. Das haben uns übrigens auch die Polizisten der Soko Mirco gefragt, als wir über unseren Glauben sprachen. Meine Antwort lautete damals: „Ja, Gott hätte Mirco beschützen können. Aber wir leben in einer sehr unperfekten Welt. Gott hat den Menschen einen freien Willen gegeben, und sie können sich entscheiden, auch unvorstellbar Böses zu tun."

Und das hat Mircos Mörder getan. Nicht Gott.

Sicher, Gott hätte es verhindern können, aber dann müsste er ja auch sonst alles verhindern, was Menschen aus ihrem freien Willen heraus tun, obwohl es nicht gut ist. Und dann wäre nicht mehr viel übrig von diesem freien Willen.

Wenn es uns gut geht und uns Dinge gelingen, jubeln wir, wie toll wir das wieder mal hingekriegt haben. Doch wenn es uns einmal schlecht geht – ist es dann automatisch Gott gewesen? Klar, einen Tsunami haben nicht wir Menschen gemacht. Auch kein Erdbeben. Aber war das dann Gott? Oder gibt es doch so etwas wie das Böse? Gibt es den Teufel?

Wir sollten den Gedanken nicht aus dem Auge verlieren. Claus

Schenk Graf von Stauffenberg, der Offizier, der Hitler am 20. Juli 1944 in die Luft sprengen wollte, hat kurz vor dem missglückten Attentat geschrieben: *„Wir haben uns vor Gott und unserem Gewissen geprüft, es muss geschehen, denn dieser Mann ist das Böse an sich.“*

Das Böse an sich.

Der Mörder von Mirco ist nicht das Böse an sich. Aber er hat in diesem Moment das Böse gewählt. Er hat unserem Sohn Schlimmstes angetan. Doch wir sind überzeugt: Wo das Böse ist, ist auch das Gute nicht fern. Gott war bei Mirco, als er litt. Er litt mit ihm, weil er es hasst, wenn Kindern etwas Schlimmes angetan wird. Ich bin mir sicher: Gott hat bitterlich geweint, als er Mirco gesehen hat.

Ich hoffe und glaube, dass Gott Mirco in seinen letzten Minuten beigestanden hat, dass er seine Nähe spüren konnte. Ich glaube und hoffe, dass Mirco auf eine gewisse Weise beschützt und aus der Situation herausgenommen wurde. Doch wir können es nicht wissen.

Noch etwas haben Sandra und ich aus den letzten zwei Jahren gelernt: Es ist wichtig, loslassen zu können. Indem Sandra und ich gemeinsam mit Christoph dieses Buch geschrieben haben, geben wir einen großen Teil unserer Geschichte ab. Wir teilen sie mit Menschen, verteilen sie damit auf viele Schultern, lassen andere an unserem Erleben und Weiterleben teilhaben. Das bedeutet für uns: Wir müssen und wollen uns auch ein Stück von unserer eigenen Geschichte verabschieden. Und Frieden mit ihr schließen.

Wenn ich aber diese Geschichte abgebe, muss ich es richtig tun. Der Versuch, lediglich darüber zu diskutieren oder innerlich immer weiter damit zu hadern, brächte zwar immerhin etwas aus mir heraus, was in mir drin steckt. Doch das würde nicht wirklich reichen, um frei zu werden.

Der wichtigste Schritt beim Loslassen lässt sich nach meiner

Erfahrung in einer Erkenntnis und in einem einzigen Satz zusammenfassen. Die Erkenntnis lautet: *Ich lasse zu, dass ich das, was passiert ist, einfach annehme.* Und der Satz lautet: „Ich will in tiefster Überzeugung sagen können: *Dein Wille geschehe, wie im Himmel, so auf Erden.*"

Nach meinem Glauben ist für Gott nichts unmöglich. Ich glaube an seine Allmacht und die Kraft, und das wurde für mich ausdrücklich *nicht* außer Kraft gesetzt durch Mircos Tod.

Mircos Geschichte hat mich, auch wenn das wie ein Widerspruch klingt, eigentlich darin bestätigt, dass ich mich anvertrauen kann und sogar muss – den Menschen und Gott. Das ist wichtig. Denn nur, wenn ich mich mit meinen Gedanken und Schmerzen jemand anderem gegenüber öffnen und ihm anvertrauen kann, und nur, indem ich meinen Schmerz und meine Hoffnung in eine andere Hand legen kann, schaffe ich es, wieder stark und selbstbewusst zu leben.

Natürlich muss ich weiterhin meinen Weg selbst wählen, verändern und beeinflussen. Das tue ich, seit ich mich bewusst auf dieser Welt bewege. Und auch das ist eine Entwicklung. Genauso, wie man Glauben und Vertrauen auf Gott erst lernen muss. Sandra und ich haben das Glück, dass wir den Glauben praktisch schon mit der Muttermilch aufgesogen haben und damit groß geworden sind. Wir hatten viel Gelegenheit, uns im Glauben zu üben, auch wenn das vielleicht seltsam klingt. Auch beim Glauben fängt es damit an, dass man in kleinen Schritten Vertrauen wagt und dann merkt: „Da ist wirklich jemand, der sich für mich interessiert, der mein Bestes im Sinn hat." Und mit jedem Schritt wächst das Vertrauen in diese Person, bis es so groß ist, dass es auch Schwieriges aushält.

Mircos Tod war sicher so etwas wie die absolute Bewährungsprobe, und einer solchen Prüfung ist niemand einfach so gewachsen. Wir waren aber auch nicht total unvorbereitet, sondern wir hatten vorher schon gelernt, dass Gott vertrauenswürdig ist, auch und gerade, wenn einem Schweres widerfährt. Dadurch sind wir als Familie vielleicht besser mit Mircos Tod zurechtgekommen als manche andere, denen diese Erfahrung fehlt.

Sandra: Es gibt noch etwas, was uns als Familie hat überleben lassen. Das ist das ganz sichere Wissen: Der Tod hat nicht das letzte Wort. Mit dem Tod ist nicht alles aus.

In der Bibel steht, dass uns nach unserem Tod eigentlich erst das richtige Leben erwartet, dass der Himmel ein schönerer Ort ist, als wir es uns überhaupt vorstellen können, dass es dort keinen Tod und kein Leid und keine Tränen mehr geben wird und wir endlich in unserem wahren Zuhause angekommen sind. In den vielen Berichten von Menschen, die Nahtoderlebnisse hatten und einen Blick in diese neue Welt werfen konnten, ist immer wieder die Rede davon, dass diese Menschen sich endlich vollkommen glücklich gefühlt haben und gar nicht mehr zurückwollten. Der Gedanke, dass es Mirco dort besser geht als je zuvor und dass er bestens aufgehoben und wunschlos glücklich ist, gibt uns mehr Trost, als man in Worte fassen kann. Und natürlich die Aussicht, dass wir ihn dort wiedersehen werden.

Warum es so wichtig ist, zu vergeben

Reinhard: So krass es klingen mag: Die Begegnung mit dem Täter war für uns nach dieser Zeit der Prüfungen gar nicht mehr so spektakulär. Das Zusammentreffen im Gerichtssaal war distanziert und kurz. Wir waren heilfroh, dass wir diesen Menschen noch nie zuvor in unserem Leben gesehen hatten. Unvorstellbar, wenn es jemand aus Nachbarschaft, Freundeskreis oder gar Familie gewesen wäre …

Vom ersten Tag an haben wir für den Menschen gebetet, der Mirco entführt hatte. Wir haben Gott gebeten, ihm zu begegnen, ihn zu beeinflussen und ihn dazu zu bringen, dass er sich stellt oder Mircos Aufenthaltsort verrät.

Wir empfinden keinen Hass auf Olaf H. Nur tiefes Mitleid mit seiner Familie, seinen Kindern. Was bleibt, ist ein großes Unverständnis für seine Weigerung, vor Gericht endlich reinen Tisch zu machen und über die letzten Minuten im Leben unseres Sohnes und seine Motivation für die Tat zu sprechen. Dieser Mensch ist aus der Welt und ihrer Ordnung gefallen. Vielleicht kommt er irgendwann zur Besinnung und gibt sich und der Wahrheit noch einmal eine Chance.

Nein, wir empfinden keinen Hass. Wir haben unserem Feind vergeben, was ihn aber nicht von seiner verdienten Strafe freispricht. Das lehrt schon das „Vaterunser“: *Vergib uns unsere Schuld, wie auch wir vergeben unseren Schuldigern*, also jedem, der uns Unrecht getan hat.

Sandra: Rachegedanken und Hass sind Gefühle, die denjenigen verändern, der sie in sich trägt. Und zwar nicht zum Guten. Wir wollen den Wahnsinn dieser Tat nicht noch dadurch belohnen, dass Reinhard und ich in die Gefahr geraten, uns zu vergessen und Gleiches mit Gleichem zu vergelten. Wir wollen unsere Herzen nicht von diesen negativen Gefühlen vergiften lassen. Wir wollen nicht, dass das Böse noch einmal triumphiert.

Deshalb haben wir dem Täter ganz bewusst vergeben. Wir tun ihm nicht den Gefallen, den er sich offensichtlich in seinem Innersten ersehnt, wenn man seinem Psychogramm glauben kann, nämlich ihn zu verdammen. Nein. Er ist ein belasteter Mensch, der nicht wusste, wohin mit seiner Last. Wir dagegen wissen das, und wir beten für ihn, dass auch er das erkennt und zu sich kommt.

Das hat viele Menschen ziemlich perplex gemacht. Als wir nach Mircos Beerdigung zusammen mit Präses Nikolaus Schneider von der Evangelischen Kirche bei „Beckmann“ auftraten, haben wohl manche Zuschauer anfangs gedacht: *Diese Schlitters haben ja einen an der Waffel! Da wird ihr Kind missbraucht und ermordet, ein perverses Verbrechen begangen, manche Menschen denken da an Lynchjustiz und Todesstrafe. Und die Eltern sagen: „Wir haben dem Täter verziehen!“*

Nein, wir sind nicht verrückt. Wir wissen genau, was wir tun. Und wir wissen auch, warum die Vergebung so wichtig ist. Für Mirco, seine Geschwister und für uns.

Damit wollen wir den Teufelskreis von Hass und Gewalt, in dem Olaf H. unter seiner kleinbürgerlichen Maske wohl schon viele Jahre gefangen gewesen sein muss, ganz bewusst durchbrechen.

Jemand, der hasst, wird nicht mehr lachen. Jemand, den es nach Rache gelüstet, wird nie ein gutes Wort mehr für den anderen haben. Jemand, der voller Zorn auf die Vergangenheit zurückblickt, wird keine starken, fröhlichen Kinder großziehen können.

Auch deshalb ist der Weg der Vergebung der einzig richtige Weg für uns.

Was uns geholfen hat

Reinhard: Es gab vieles, was uns zusätzlich zu diesen Gedanken und Reifeprozessen geholfen hat, so etwas wie Normalität wiederherzustellen. Ich sage bewusst: „so etwas wie“ Normalität, denn uns ist klar, dass der lange Schatten des grausamen Verlustes von Mirco uns das ganze Leben begleiten wird. Aber wir wollen stark bleiben. Wir werden die kleinen Zeichen beachten und gegensteuern. Wir werden nicht zulassen, dass dieser Schatten das Leben unserer Familie kaputtmacht.

Wie zum Beispiel Mircos Geburtstag in Zukunft aussehen wird, dazu haben wir ganz bewusst kein Ritual entwickelt. Wir möchten nicht so tun, als wenn er noch da wäre, geben uns keinen falschen Vorstellungen hin, das würde uns alle nicht weiterführen. Wir sind in Gedanken und im Herzen bei Mirco. Aber es hat keinen Zweck, an einem falschen Ritual festzuhalten, und wir werden seinen Geburtstag nicht mehr so feiern können wie früher. Wir beziehen ihn lieber besonders mit ein in unsere Erinnerung, unsere Gedanken und unsere Gebete.

Bei seinem ersten Geburtstag nach der Auffindung hatten wir Roman Siewert dabei. Wir haben viel von Mirco und seinen Streichen erzählt und uns mit einem lachenden und einem weinenden Auge an ihn erinnert. Wir tun aber nicht so, als säße er mit am Tisch. Denn das würde auch seinen Geschwistern kaum eine Chance zur Weiterentwicklung aus der Trauer geben.

Deshalb machen wir auch ganz bewusst keinen Kult aus seinem Zimmer, auch nicht aus seinen Spielsachen, wie man das häufig bei anderen Eltern sieht, die ihre Kinder auf tragische Weise verlieren. Noch ist sein Zimmer unverändert, aber ein ewiges Mausoleum werden wir nicht daraus machen. Als Zeichen für die Rückkehr der Normalität sahen wir irgendwann die Idee unserer Jüngsten, Judith, an: „Du, Mama, wenn doch jetzt Mircos Zimmer frei ist, dann könnte das doch vielleicht mal meins werden?“ Diese Frage hat uns gefreut, weil sie nach vorne, auf die Zukunft und das Leben gerichtet ist.

Natürlich: Es fehlt einer, und er wird immer fehlen. Aber es darf nicht so sein, dass uns alle in der Familie nur noch das beherrscht.

Sandra: Wir sehen unsere Kinder als Geschenke Gottes an und nicht als „Besitz“ ihrer Eltern. Unsere Kinder sind uns doch nur geliehen worden. Gott hat sie uns anvertraut, für eine unbestimmte Zeit. Wie lange das sein wird, kann niemand vorherbestimmen. Letztlich sind es *seine* Kinder, und er sorgt für sie, gerade dann, wenn wir vielleicht als Eltern zwischendurch mal nicht mehr richtig weiterkönnen oder Fehler machen. Ich muss und darf immer wieder von Neuem lernen, dass ich trotz der Erlebnisse mit Mirco meine anderen Kinder im Vertrauen darauf ihren Weg gehen lasse. Reinhard und ich können und dürfen nicht aus lauter Furcht vor dem, was war, unseren Kindern das verbauen, was sein wird. Sie haben ein Recht darauf, dass wir mit ihnen auf eine erfüllte und glückliche Zukunft zusteuern.

Unsere Rückkehr in den ganz normalen Alltag half uns dabei, weiterzumachen und uns neue Ziele zu stecken. Es ist die häufig unterschätzte Kraft der Routine und der Beschäftigung, die uns in der absoluten psychischen Ausnahmesituation auf den Beinen gehalten hat. Nach meiner Erfahrung sollten in solchen Zeiten Bügelbretter von der Krankenkasse bezahlt werden – so etwas kann hilfreicher sein als die tollste Psycho-Pille.

Unschätzbar wertvoll waren für uns die Wochen der Auszeit, die uns unsere Arbeitgeber gewährten. Es war wichtig, diese Zeit der Besinnung und Konzentration auf die Kinder und ihre Bedürfnisse zu bekommen. Und auch, dass wir den Zeitpunkt des Wiedereinstiegs bestimmen konnten, war sehr hilfreich für uns.

Die Kinder brauchten ihren Schulalltag wieder und vor allem den Kontakt zu ihren Schulfreunden. Das hat sie vor dem Versinken in den Grübeleien und Ängsten bewahrt, die sich in einem solchen Fall natürlich besonders gern einstellen. Sie dürfen, sie sollen wieder lachen, tanzen, spielen. Manchmal haben die Kinder sich dabei ertappt, dass sie mit ihren Freunden lachten, und dann haben sie ganz erschrocken innegehalten und hatten ein schlechtes Gewissen: „Mama, darf ich denn jetzt überhaupt lachen?“ Wir haben dann versucht, sie zu ermutigen und zu sagen: „Wenn du fröhlich bist, dann sei doch ruhig fröhlich, du musst jetzt nicht für den Rest deines Lebens traurig sein. Das würde Mirco nicht wollen und es bringt ihn ja auch nicht zurück." Denn das Leben geht weiter und muss auch weitergehen – auch wenn Mirco uns genommen wurde.

Wie es uns verändert hat

Spurlos vorbeigegangen ist das alles an keinem von uns, und das wäre ja auch nicht normal. Das ganze Gefüge unserer Familie ist nicht mehr das, was es mal war. Da fehlt nicht einfach einer von sechs Menschen – viel mehr als das ist es, es fehlt einer von sechs unverwechselbaren Charakteren. Es fehlt unser Mirco. Das verändert die ganze Familie grundlegend.

Eine weitere Erfahrung, die uns auffällt: Wir sehen die Kinder nicht mehr gemeinsam heranwachsen. Das wird noch schwierig, wenn es mit fortlaufender Zeit darum geht, sich alle vier gemeinsam vorzustellen. Denn Mirco wird für uns alle immer 10 Jahre alt bleiben – auch wenn Alex, Julia und Judith längst erwachsene Menschen sind.

Auch die Rollen innerhalb der Familie verändern sich. Wir als Eltern sind manchmal zu nah dran, um das alles beurteilen zu können. Alex sagt völlig richtig: „Ich bin nun erst recht der große Bruder, der Verantwortung trägt."

Er ist zum Beispiel auch mit uns zur Fundstelle gefahren, wo der Täter Mirco abgelegt hat. Er ist sogar mit im Gericht gewesen, um den Täter von Angesicht zu Angesicht anzusehen. Für Alex war es wichtig und richtig, dass wir ihn mit eingebunden haben. Es war sein Wunsch, die Wahrheit über Mircos Schicksal zu erfahren, und wir wollten das respektieren. Er ist alt genug; wir müssen ihn ernst nehmen und dürfen ihm die Wahrheit nicht künstlich vorenthalten.

Er wollte die Details wissen: *Wie hat Mirco sich wohl gefühlt? Wie ist es ihm ergangen? Was ist da wohl in seinem Kopf vorgegangen?* Alex musste mit seinen Empfindungen und Vorstellungen klarkommen. Wir glauben, unsere Offenheit hat ihm dabei geholfen.

Julia und Judith sind nicht mitgefahren, nicht zum Gericht und nicht zur Fundstelle. Das wäre einfach zu viel für sie gewesen. Sie haben als die beiden Jüngeren genug Verlust erlitten, sodass sie nicht alle Einzelheiten wissen müssen. Sie wollten sie auch nicht wissen, und das ist gut so. Auch das haben wir respektiert und unterstützt.

Bei Julia drückt sich der Verlust ihres Bruders über einen Hautausschlag, Kopf- und Nackenschmerzen aus. Erst haben wir vermutet, die Schmerzen könnten auch durchs Reiten kommen, aber das wollte Julia nicht gerne hören. Deshalb wurde so manche Untersuchung durchgeführt, um körperliche Ursachen auszuschließen. Unser Hausarzt meinte, es könne durchaus eine Äußerung ihrer emotionalen Anspannung sein. Ihre persönliche Reaktion auf ihren inneren Aufruhr besteht in Rückzug, Alleinsein. Für ein Teeniemädchen ist das keine leichte Zeit, man weiß ja sowieso nicht so recht, wohin mit sich, und dann ist noch der Bruder weg. Mittlerweile merken wir aber eine Besserung und sind dankbar, dass Julia dadurch keine weiteren Einbußen hinnehmen musste und auch in der Schule weiterhin gut mitkommt.

Unsere Judith hat wunderbar Klavier gespielt und wollte bei der Trauung ihrer Tante eigentlich den Hochzeitsmarsch spielen, doch im letzten Sommer hat sie sich eines Tages ans Klavier gesetzt und gemeint: „Ich kann das nicht mehr – ich weiß nicht mehr, wie es geht!" Ihr Lehrer und auch wir waren schockiert, aber wir haben ihren Wunsch, erst mal zu pausieren, akzeptiert. Im Nachhinein haben wir herausbekommen, dass ihr in dem Moment alles einfach zu viel war. Sie hatte gerade erst die Schule gewechselt, kam mit lauter neuen Schüler zusammen in eine Klasse und alles Gewohnte war auf einmal weg. Viele wussten noch nicht, dass sie die Schwester von Mirco ist, es gab Erklärungsbedarf, und das war eine völlig neue, schwierige Situation für unsere Judith. Auch hier haben wir das Gespräch mit den Lehrern gesucht und ihnen erklärt, wie sie am besten mit ihr umgehen, nämlich so normal wie möglich.

Wir haben aber insgesamt das Gefühl, dass unsere Kinder inzwischen ganz gut mit Mircos Tod umgehen können. Dankbar sind Reinhard und ich auch dafür, dass wir beide von echten Depressionen, Krankheitsschüben und überbordenden Ängsten verschont worden sind. Das geschieht, wie uns die Beamten vom Opferschutz sagten, in solchen Fällen sonst häufig. Wir glauben, dass auch unsere intensive Auseinandersetzung im Gespräch und unser Miteinander im Gebet dazu beigetragen haben, dass wir nicht durchgedreht sind. Nach diesem Erlebnis können wir aus eigener Erfahrung bestätigen, was Psychologen schon seit Jahrzehnten betonen: nämlich, dass Menschen, die an Gott glauben, in Krisen besser zurechtkommen, nicht so leicht aufgeben, einen Halt finden und sogar noch Kraft spenden können.

Das haben wir erfahren. Auch wenn Gott uns das Schreckliche nicht erspart hat. Nach vorne zu sehen, nicht aufzugeben und zu erfahren, dass es auch im Leid Positives geben kann – das sind unsere Schlussfolgerungen.

Trauerarbeit

Sandra: Es gibt keinen Abschluss für uns als Familie. Mirco bleibt in unseren Herzen. Und mit ihm all das Schreckliche, was geschehen ist. Aber Trauer ist kein Zustand, den man passiv erdulden muss. Sie ist ein Prozess, eine Entwicklung, etwas Aktives, vor allem, wenn man sie zulässt und nicht verdrängt und sich irgendwann wieder für das Leben draußen öffnet

Das hat aber nichts damit zu tun, wie viel von seiner Trauer man nach außen trägt. Das haben wir nie getan, und es hat einige Menschen irritiert, dass besonders ich nicht nur heulend in der Ecke gesessen habe. Klar, das habe ich auch getan, aber nicht ständig und dauerhaft. Das wäre einfach nicht ich gewesen.

Jeder hat seine Art, mit seiner Trauer umzugehen. Es gibt da kein Patentrezept, auch wenn sich die Phasen des Trauerprozesses bei den meisten Menschen ähneln. Nur: Umgehen muss man irgendwie damit, und das ist in unserer Gesellschaft leider nichts, womit man sich offen auseinandersetzt. Trauern ist ja auch schwer, ein schwieriges, unangenehmes Gefühl, vor dem man sich lieber drücken möchte. Aber wenn man irgendwann wieder nach vorn schauen will, bleibt einem nichts anderes übrig, als mitten durch diesen Prozess hindurchzugehen, sämtliche Gefühle, die dabei aufkommen, zuzulassen und auszuhalten und nicht wegzudrücken oder schönzureden. Es tut weh, es ist fürchterlich und es lässt eine Narbe zurück, die für immer bleibt.

Wir werden, so denke ich, unser Leben lang in einem Verarbeitungsprozess stecken. Das wird uns nicht loslassen. Es wird immer wieder Situationen geben, in denen die Traurigkeit uns einholt, in denen wir intensiv an unseren Mirco denken und uns fragen, was wohl nun aus ihm geworden wäre, wenn sein Leben nicht so jäh, sinnlos und grausam hätte enden müssen.

Wir können dabei nur eines tun: diese Momente so offen und ehrlich wie unser ganzes Leben als Familie angehen und unseren Jungen weiter in unseren Herzen tragen.

Mir hat ein Bibelvers geholfen, den ich für Mirco über das Jahr 2011 gestellt habe. Er stammt aus Matthäus 24, 13 und lautet: *Wer aber bis zum Ende standhaft bleibt, wird gerettet.*

Wir wünschen uns für die Zukunft, dass wir als Familie im

besten Sinne des Wortes standhaft bleiben – dass wir weiter offen für das Leben sind, andere Menschen positiv sehen können, uns von Nächstenliebe, Vergebungsbereitschaft und Mitgefühl prägen lassen und nicht von dem Negativen, das uns ereilt hat. Und wir wünschen uns, dass unsere Geschichte vielleicht einige Menschen erreicht, die sich davon anstecken lassen. Es wäre schön, wenn unsere Geschichte vielleicht sogar dazu dient, anderen Menschen, die Schlimmes durchleiden mussten, zu zeigen: Ihr könnt das überleben! Lasst euch helfen, entscheidet euch für das Leben und lasst euch nicht vom Bösen herunterziehen, das uns in dieser Welt immer wieder begegnet.

Noch einmal erinnern wir uns an den ermutigenden Bibelvers aus dem Brief von Paulus an die Gemeinde in Rom: „Lass dich nicht vom Bösen überwinden, sondern überwinde das Böse mit Gutem" (Römer 12, 21).

Epilog

Sandra: Nun ist es fast zwei Jahre her, dass Mirco verschwunden ist. Nach seiner Beerdigung kehrte langsam der Alltag ohne unseren Sohn ein. Mirco hat eine riesige Lücke hinterlassen. Manchmal sind es Kleinigkeiten, die uns an ihn erinnern. Wenn der Rasen wieder mal so hoch gewachsen ist, dass er gemäht werden muss, sehe ich ihn vor mir, wie er eifrig und gekonnt mit dem Rasenmäher hantiert. Und wenn ich dem Hund frisches Wasser in den Napf fülle, muss ich immer an seinen Kommentar denken: *„Mama, denk ans Saubermachen, sonst ist da so ein komischer Film in dem Napf!"* Mirco war unser Praktiker und hat gerne angepackt.

Wir wollen Mirco auch praktisch weiterleben lassen. Anstelle von Blumen baten wir in Mircos Namen in der Traueranzeige, lieber für soziale Projekte Geld zu spenden, die Kindern und Familien helfen. „Im Sinne von Mirco bitten wir um eine Spende für das Projekt *Kinder in Not* der Christengemeinde Krefeld", hieß es in dieser Anzeige. Dieses Projekt stand da als stellvertretender Sammelbegriff für verschiedene soziale Projekte, weil wir uns schnell entscheiden mussten, wie wir den Anzeigentext formulieren. Daraufhin sind 14.000 Euro an Spenden eingegangen. Von diesem Geld haben wir bislang eine Reihe von Projekten unterstützen können.

2.000 Euro konnten wir für Mircos Schule geben. Ein Teil davon floss auf unseren Wunsch hin in ein Gewaltpräventionsprojekt für Jungs dieser Schule, in dem die Stärken, das Selbstwertgefühl und die gewaltfreie Lösung von Konflikten gefördert werden. Der andere Teil des Geldes dient dazu, sozial nicht so gut versorgten Kindern Mittel bereitzustellen, damit sie zum Beispiel an Klassenfahrten teilnehmen können. Die Reaktion einer Lehrerin auf diese Spende hat uns sehr gefreut: „Mensch, Sie schaffen es ja noch, aus dem ganzen Schrecklichen dieses Schicksals etwas Positives für die Menschen um Sie herum wachsen zu lassen!"

Das wollen wir auch weiterhin versuchen. Mit dem Spendengeld haben wir zum Beispiel auch die Initiative „MUM – Mütter und mehr" in Grefrath unterstützt. Sie kümmert sich um alleinerziehende Mütter und ihre Kinder. Ebenso konnten wir eine schöne Summe an einen Verein in Nordrhein-Westfalen weitergeben, der sich der Kinder von Strafgefangenen annimmt. Diese christliche Organisation bietet tolle Freizeiten für diese oft vernachlässigten und verunsicherten Kinder an, zum Beispiel spannende Indianercamps. Dort können sie spielen, toben, lachen, singen, kurzum einfach mal wieder richtig Spaß erleben und Kinder sein. Das hätte Mirco gefallen!

Auch die Rumänienhilfe ist uns seit Reinhards Zivildienstzeit ein inneres Anliegen, die Kindertagesstätten und Häuser baut, um Kinder von der Straße zu holen und ihnen ein besseres Leben zu ermöglichen. Dieser Organisation konnten wir an Silvester 2011 einen Spendenscheck überreichen.

Reinhard: Es gibt auch weitere gute Gelegenheiten, die wir gern wahrnehmen. Wenn zum Beispiel Selbsthilfegruppen und Gemeinden uns bitten, bei ihnen über die Bewältigung von Schicksalsschlägen zu sprechen, dann stehen wir natürlich bereit.

Es gibt so viele Fragen über den Umgang mit schrecklichen Erlebnissen, mit Verlust, Trauer, Angst und Schmerz. Und wir merken, dass das, was wir als Familie seit Mircos Verschwinden und

Tod erlebt haben, uns dazu befähigt, anderen Menschen Trost und Kraft zuzusprechen, sogar ein Stück Heilung einzuleiten. Je öfter wir in Gemeinden, Foren oder Gesprächskreise kommen, desto stärker merken wir selbst, wie auch für uns Trost daraus erwächst. Es ist ein Geben und Nehmen. Und wir merken, dass viele Menschen wirklich gestärkt aus diesen Gesprächen und Diskussionen herausgehen. Das zu erleben ist wunderbar. Deshalb haben wir uns entschlossen, auch zukünftig Menschen auf diesem Weg zu begleiten, wo es uns möglich ist.

Aber es gibt dazu etwas, was uns wichtig ist und erwähnt werden soll: Wir gehen mit unserer Geschichte nicht hausieren. Wir drängen uns ganz sicher nicht in die Öffentlichkeit, weil uns das irgendwie gefallen würde. Wenn wir darum gebeten werden, zu erzählen, dann gern, aber wir wollen das niemandem aufdrängen und sprechen nur dort, wo wirklich ein Bedürfnis danach vorhanden ist. Wir tun das mit dem Gefühl, dass unser Sohn es gewollt hätte.

Leben mit der Lücke

Sandra: Seit Mirco nicht mehr bei uns ist, ist es im ganzen Haus so ruhig. Denn wo immer unser jüngster Sohn stand und ging, hat er stets mit irgendetwas herumgetrommelt – sogar mit dem Besteck am Esstisch. Mirco hat unsere Familie mit seiner Lebendigkeit geprägt und Wünsche und Ideen hinterlassen, mit denen wir uns immer wieder auseinandersetzen. Er lebt jeden Tag mit uns. Wir lieben ihn.

Seine Geschwister vermissen ihn jeder auf seine Art und Weise. Als wir vor einiger Zeit ein Trecker-Museum besuchten, war Mirco sozusagen mitten unter uns.

So geht es uns bei vielen Dingen, die uns im Alltag begegnen.

Wir tragen unseren Jungen, der in unseren Herzen immer 10 Jahre alt bleiben wird, immer mit uns. Jeder mit seinen Gedanken und Erinnerungen.

Eine merkwürdige, ganz persönliche Erinnerung beschäftigt mich noch heute sehr. Einige Monate vor Mircos Tod war ich abends noch einmal oben in sein Zimmer gegangen, als er schon schlief. Normalerweise macht Reinhard das Abendprogramm mit den Kindern und in dieser Zeit habe ich etwas Ruhe für mich. Aber an diesem Abend hatte ich plötzlich den Gedanken: *Guck noch mal nach Mirco.*

Er schlief friedlich, und auf einmal hörte ich in meinem Herzen eine Stimme: *Sandra, bist du bereit, mir Mirco zu geben?*

Ich erinnere mich an diese Stimme ganz genau. In meiner spontanen Art dachte ich in jenem Augenblick: *Na klar, Jesus. Du hast mir die Kinder geschenkt, und ich bin bereit, sie in deine Hand zu legen! Aber dann musst du dich um sie kümmern!*

Dieser Satz, ich weiß es noch heute genau, ging mir ganz leicht von den Lippen. Aber als ich Mirco noch einmal zugedeckt hatte und dann die Treppe herunterging, musste ich auf einmal heulen wie ein Schlosshund. In meinem Kopf rumorte die Frage: *Was hast du da gerade so salopp gesagt? Hast du vielleicht gehört, dass du dein Kind verlieren wirst?*

Der Anlass für dieses Gefühl lag nahe – ich dachte an ein Kind aus dem Bekanntenkreis, das vor Jahren an Krebs gestorben war. In diesem Augenblick fürchtete ich mich deshalb sehr real: *Droht etwa unserem Mirco auch so ein Schicksal?*

Doch dann spürte ich einen inneren Frieden: *Egal, was immer auch geschehen wird – selbst Schlimmes, das ich nicht verstehen kann. Ich weiß: Gott wird Mirco und uns immer in seiner Hand halten!*

Wir als Eltern, Geschwister und Familie, als Freunde, Gemeinde und Bekannte leben mit unserem jüngsten Sohn und seinem Schicksal bis ans Ende unseres Lebens. Aber wir wissen auch: Dann beginnt eine andere Geschichte.

Uns bleibt eine große Hoffnung: Wir glauben, dass Gott Mirco an seine Hand genommen hat, um ihm den Himmel zu zeigen.

Wir werden Mirco wiedersehen.

Sandra und Reinhard Schlitter

Gemeinsam mit ihren Kindern lebt das Ehepaar in Grefrath.
„Mit unserem Buch möchten wir zeigen, was uns geholfen hat, die Spirale von Hass und Verzweiflung verlassen zu können. Und wie man ein Leben führen kann, das trotz allem Zuversicht, Menschenliebe und Glauben vereint."

Christoph Fasel

In Paris und München studierte er Germanistik, Geschichte und Philosophie. Nach der Promotion in Germanistik besuchte er die Henri-Nannen-Schule in Hamburg und arbeitete danach als Journalist, unter anderem für die „Bild", das Magazin der „Süddeutschen Zeitung", „Eltern" und den „stern". Mehrere Jahre war er Chefredakteur des „Reader's Digest" für Deutschland und Österreich. Er arbeitet als Buchautor, Dozent und Coach in Deutschland, Österreich und der Schweiz.

MIX
Papier aus verantwortungsvollen Quellen
FSC® C014496

Verlagsgruppe Random House FSC-DEU-0-100
Das für dieses Buch verwendete FSC®-zertifizierte Papier *EOS*
liefert Salzer, St. Pölten

1. Auflage 2012
Bestell-Nr. 814268
ISBN 978-3-942208-68-0

Umschlaggestaltung: Gute Botschafter, Haltern am See
Umschlagfoto und alle übrigen Fotos ohne nähere Angabe: Familie Schlitter
Gestaltung: Stefan Wiesner
Satz: Marcellini Media GmbH, Wetzlar
Druck: GGP Media GmbH, Pößneck

Printed in Germany